BIBLIOTHÈQUE DES BONS ROMANS ILLUSTRÉS

266876

LA BORGHETTA

SUITE DU COMPÈRE LEROUX.

PAR XAVIER DE MONTÉPIN.

Prix : 50 centimes.

PARIS

ALEXANDRE CADOT, ÉDITEUR

37, RUE SERPENTE, 37

LA BORGHETTA

SUITE DU COMPÈRE LEROUX

PAR XAVIER DE MONTÉPIN.

I

Une histoire de Rouillard.

Quelques jours plus tard, Champcarré recevait à son tour [chez] lui, le général et son inséparable Rouillard, dans ses apartements de la rue de Grammont.

Pour cette circonstance Moustache avait obtenu un [con]gé de douze heures, qu'elle mettait à profit en étudiant [av]ec M. de Pengoet, la topographie des environs d'Asnières.

San Colombano avait été invité par son ami qui éprou[va]it quelquefois encore le besoin de recourir aux lumières [de] son expérience pour l'organisation d'un festin ou d'une [pa]rtie de plaisir.

D'après les conseils du vicomte à qui il avait fait le por[tra]it du général, Mathieu changea complètement la décora[tio]n de sa salle à manger.

Au lieu des amours bouffis, des Vénus plus ou moins cal[lip]yges qui sont le *nec plus ultrà* du bon goût dans les ap[pa]rtements de garçon, il plaça sur la cheminée le buste de [Na]poléon Ier, et il suspendit aux murs trois immenses toi[les], l'une d'après David, représentant le couronnement de [l'e]mpereur; la seconde d'après le baron Gros, représentant [le] champ de bataille d'Eylau; la troisième, d'après Horace [Ve]rnet, représentant la prise de la Smala.

Entre ces grands tableaux, autant pour faire contraste que pour satisfaire aussi les goûts de Cécile, il plaça d'adorables pastels de la Rosalba et de Latour, et de charmantes miniatures d'Isabey et de madame de Mirbel.

Sûr de l'effet que ces dispositions devaient produire, il attendit en se frottant les mains l'arrivée de ses invités.

A midi précis, une voiture s'arrêta dans la cour de l'hôtel.

Le général, Cécile et Rouillard entrèrent chez le jeune homme.

— Vous voyez que nous sommes exacts, fit le vieux soldat en serrant la main de son cousin et en saluant gravement le vicomte.

— Je vous présente le vicomte Raphaël de San Colombano, dit Champcarré en désignant son ami. C'est mon pilote dans l'océan parisien.

Le vicomte s'inclina profondément et adressa un compliment délicat au général et à sa fille.

Cécile n'était plus reconnaissable. Le sourire avait disparu de ses lèvres. Le velouté de ses joues roses s'effaçait; on eût dit qu'une maladie de langueur venait d'exercer sur elle ses ravages pendant plusieurs mois.

Champcarré la trouva plus belle encore.

Car, à l'exception de cette éclatante fraîcheur qui ne devait plus revenir, ses traits avaient gagné en finesse ce qu'ils avaient perdu en rondeur, et ses yeux agrandis par la nouvelle expression qui flamboyait dans leur prunelle étaient d'une irrésistible séduction.

Elle tendit cependant sa main à Champearré qui la baisa, puis elle salua d'une façon sérieuse San Colombano.

Pour faire plaisir au général et aussi pour se *mettre bien dans les papiers* de l'ex-caporal, Mathieu l'avait invité par une lettre particulière.

— Après tout, s'était-il dit, qu'importe l'état de cet homme. C'est un vieux soldat. La croix de la Légion d'honneur qu'il a gagnée sur les champs de bataille est un titre de noblesse plus beau que tous les nôtres, et en acceptant mon invitation c'est évidemment à moi qu'il fait honneur.

Inutile de dire que Rouillard avait accepté avec orgueil.

En conséquence, il avait tiré de sa garde-robe ses vêtements de *soirée pour son compte*, c'est-à-dire ses habits les plus splendides, et sa croix brillait sur sa large poitrine comme une étoile tombée du ciel.

Le repas fut fort gai.

San Colombano paya son écot avec de l'esprit. C'était une chronique vivante. Il savait son monde *ad unguem*, les anecdotes piquantes trouvaient à chaque instant leur place, et leur valeur était décuplée par le débit plein de verve, d'entrain et de brio du conteur.

Cécile prenait un vif plaisir à ces histoires, plusieurs fois elle daigna manifester son intérêt par des exclamations qu'elle n'aurait pas désavouées quelques jours auparavant.

Champcarré de son côté fit les honneurs de sa table avec une grâce parfaite, de telle sorte que le général ne savait ce qu'il devait le plus admirer, de l'excellent goût de l'amphytrion ou de la délicatesse et de la profusion des mets qui étaient servis.

Dès que les appétits furent un peu rassasiés, que les vins exquis eurent mis tout le monde de bonne humeur, Rouillard, qui jusque-là avait conservé un silence prudent, poussa un cri.

— Qu'y a-t-il donc ? — demanda M. de Vadans.

— Il y a, mon général, que je viens de me reconnaître.

— Est-ce que tu avais perdu ta propre connaissance ?

— Oui, mon général; c'est-à-dire non... Mais je sais ce que je dis. Voyez-vous là-bas !

Et son doigt tendu vers le tableau d'Horace Vernet, désignait un groupe de zouaves s'élançant le sabre au poingt sur les Arabes.

Le général suivit la direction du doigt.

— Sacrebleu ! oui, dit-il, c'est bien ton portrait.

— C'est tout à fait ma boule, oui mon général ! Seulement, il y a un malheur, c'est que je n'étais pas à l'affaire de la Smala ! J'étais à Alger où il m'est arrivé un drôle de tour dans ce temps-là.

— Ah !

— Oui ! mon général ! Oui, messieurs et mademoiselle. Figurez-vous qu'à cette époque-là, c'était en 43, si je ne me *buse*, voilà-t-il pas que mon capitaine me fait venir un beau matin... qu'il faisait un temps à ne pas mettre un chacal dehors.

« — Bon ! que je me dis, encore une corvée ! Cré nom et mes effets qui sont tous frappant neufs.

« — Caporal Rouillard, qu'il me dit, t'es t'un brave ?

« — Mais... un peu, que je lui dis.

« — Eh ! qu'il me dit, faut t'apprêter tout de suite avec quatre z'hommes de bonne volonté.

« — Est-ce qu'il s'agit, que je lui dis, d'aller *retrousser* un convoi *d'A-le-bec-dans-l'air* ? »

— Abdel-Kader, Rouillard ?

— Oui, mon général, *Adèle Cadert*, un gueux qui nous donnait pas mal de fil à retordre, et qui mange du blé de Turquie, maintenant. Mais bref, le capitaine me dit :

« — Caporal Rouillard, il n'est point de question de cela. *Ce portant*, il pourra bien z'y avoir quelques coups de fusils.

« — Des pruneaux que je me dis, ça me va ! ·

« — Voici donc ce qu'il faut faire, qu'il me dit. Il a y z'un milord anglais, riche comme Crésus roi de *Nubie*, qui veut z'aller visiter Constantine. Il demande une escorte de zouaves.

« — Un goddem ! que je me dis, ça ne me va guère ! Mais enfin, mon capitaine, puisqu'il s'agit d'une affaire du gouvernement, j'irai tout de même.

« — Tu auras soin, qu'il me dit, qu'on ne lui fasse pas de niche pendant la route, et que tes hommes ne *le tirent pas au grenadier* (1).

« — Pour tant qu'à cela, que je lui dis, vous pouvez être tranquille. Il ne lui sera rien *chapardé* (2). Fi ! un Anglais ! Je ne veux rien de ces gens-là !

« Le capitaine me mena donc près de ce Goddem. C'était un grand *sècheron*, qui avait une tête jaune comme une citrouille et qui *parlait de la main gauche*.

« — Ao ! qu'il me dit, vo vo chargez de conduire moa et mes petits bêtes.

« — Vous avez donc des bêtes ? que je lui dis.

« Et j'avais bien envie de lui dire que je voyais déjà la plus belle.

« — Oui ! qu'il me dit. Je avoar deux singes, une hyène, et un lion de Sahara. Mais, excepté les singes, ils être enfermés dans des cages.

« — Une bête de plus ou de moins, que je lui dis, ça ne fait rien.

« Bref, nous nous mettons en route. Le Goddem nous avait prêté à chacun un chameau, et, en qualité de coporal, je commandais l'escorte.

« Il y a bien d'Alger à Constantine... en tirant tout droit... trois cent cinquante kilo... grammes. »

Kilomètres, fit le général.

— Kilomètres, oui, mon général... Cependant il me semble que vous m'avez dit kilogrammes... Enfin, ça ne fait rien. « Il nous fallait bien douze jours pour aller à Constantine. Mais nous ne manquions de rien. Le Goddem se bourrait comme un canon de fusil toute la journée, et j'en profitais aussi. Si le soleil ne m'avait pas tapé comme ça sur la coloquinte, j'aurais pesé trente kilo... mètres de plus en revenant à Alger. »

— Kilogrammes !... Rouillard.

— Kilomètres ou kilogrammes, ma foi, mon général, ça ne me fait rien. Je m'embarbouille toujours; aussi je ne dirai plus que kilos...

— Continue, mon ami.

— Oui, mon général ! « Je bouffais donc aussi toute la journée. Le soir, nous campions en plein air, auprès d'une fontaine, quand il y en avait z'une, ou auprès de pas de fontaine quand il n'y en avait point. »

— C'est évident.

— Oui, mon général ! « Nous avions une grande tente où nous couchions tous les cinq. Le Goddem avait une petite tente ous qu'il couchait tout seul avec ses bêtes.

« Un matin je lui trouve la figure toute *chose*.

« — Vous avez fait de mauvais rêves ? que je lui dis.

« Il me regarde d'un air bête sans rien me répondre; moi je crois qu'il n'a pas compris.

« — Est-ce que vous avez marché sur un gendarme que je lui répète.

« Même réponse, c'est-à-dire point. Il me tourne le dos en faisant la grimace comme un cochon qui a le *musiau* pris dans une porte.

« — Ma foi, tant pis, nom de nom, que je me dis. Si ce

(1) Exploiter adroitement.
(2) Dérober adroitement.

cosaque-là est devenu sourd et muet ce n'est pas de ma faute. Je m'en lave les mains comme défunt *Pilâtre*.

« Le lendemain mon homme à bêtes était encore plus massacrant que la veille ; mais il vient vers moi, avec une figure toute saccagée par la colère.

« — Caporal, qu'il me dit, on a volé à moa une de mes montres et mon calotte grecque avec des ornements en or.

« — Comment, que je dis, attendez un instant. Je vais monter une rude gamme à mes hommes.

« Je m'adresse au chapardeur Biroulas qui était le plus pratique de la bande.

« — Biroulas, que je lui dis, t'as chapardé la calotte et la montre de ce grand rouge ; t'as eu tort, mon ami. Je te pardonne pour cette fois-ci ; mais ne lui chippe plus rien.

« — Moi ! dit Biroulas. *Vous vous mettez le doigt dans l'œil* (1), caporal ; que ce chameau m'entre dans la bredouillette (2) si j'ai chippé la moindre des choses.

« — C'est donc toi, Barbesale ? que je dis à un autre.

« — Pas d'danger, me répond-il ; j'ai pas besoin de savoir l'heure qu'il est, ni de me coiffer en marchand de vulnéraire.

« J'interroge tous mes hommes, et, à leur *physiogomie*, je vois bien qu'ils n'ont rien pris. Subséquemment je dis au Goddem qu'il s'est *enduit z'en erreur*, et qu'il a z'eu tort.

« — Ao ! ao ! qu'il me dit ; *Very well ! Goddem ! Guth boy !* Je savoar ce que parler vouloar dire !... Mais, soyez sûr, ça n'ira pas comme ça longtemps. Moa, brûler la cervelle au voleur si moa je le surprends !

« — Comment, que je lui dis, vous ne vous fiez donc pas à la parole d'un soldat français qui en mangerait quatre comme les vôtres.

« — Ao, non ! qu'il me dit : allez à Waterloo !

« Waterloo, ils n'ont rien que cela dans la *gueule !* Qu'est-ce ça signifie. Les Anglais ont été tannés comme du cuir à Waterloo ! Mon oncle Barnabé y était, mêmement qu'il a donné un grand coup de bayonnette, dans le postérieur à un colonel rouge qui ne le regardait certainement pas en face.

« J'avais envie de lui flanquer cette réponse à la figure ; mais je me suis dit qu'il était sous ma direction *respective* et que *consécutivement* il ne fallait pas trop le *pistonner.* »

— Tu agissais bien, Rouillard ?

— Oui, mon général ! » La nuit suivante, rien de nouveau z'au rapport. Le Goddem avait toujours l'air d'un cheval poussif qui aurait avalé un picotin de travers, mais il n'ajouta rien à ce qu'il avait dit la veille.

« La dernière nuit, avant d'arriver à Constantine, je ronflais comme une toupie ! Crac ! Poum ! Patatrac !... Voilà une détonation qui me fait tressauter.

« — Est-ce que ce serait quelques-uns de ces filous de Bédouins ! que je me dis ; nous allons un peu les houspiller !

« Je me lève en chemise, — sauf votre respect, mademoiselle Cécile ; — je prends ma clarinette et je cours à la tente du Goddem.

« — Qu'est-ce qui gn'y a ? — que je dis comme ça.

« Le Goddem avait une petite veilleuse qui éclairait son *musiau* ; je le vis qui riait comme trois bossus.

« — Ah ça ! que je lui dis, est-ce que c'est une balançoire pour nous empêcher de dormir, grand flandrin, dites-donc ?

« Il me montra au bout de sa tente un particulier tout noir qui se roulait dans les dernières convulsions.

« — Tant pis, qu'il me dit ; moa avoar prévenu vo. Moa avoar brûlé le cervelle au voleur.

(1) Vous vous trompez.
(2) Ventre.

« Furieux et inquiet, je prends la veilleuse et je vais regarder quel était le blessé.

« Messieurs et mademoiselle, c'était l'un des singes.

« Je me mis à rire bien plus fort que le Goddem. Il ne comprit pourquoi je riais que quand il eut vu *son bête* qui venait de crever. »

— Tu ne m'avais pas encore raconté celle-là, Rouillard ! dit le général. Elle est superbe !

— Oui, mon général. Mais ce n'est pas tout ; l'Englich en fut pour son singe, pour trente guinées qu'il partagea entre nous, et puis pour autre chose encore.

— Ah !

— Oui, mon général ! « Étant subséquemment à Constantine, l'Anglais qui avait retrouvé sa calotte et sa montre dans la cage du singe, s'amusait à croire qu'il allait dormir une nuit tranquille.

« Mais pas du tout.

« Pendant que mes hommes arrangeaient son logement, je mouille la poudre et je me dis :

« Attends, grand serein ! je te garde un chien de ma chienne.

« Donc pendant la nuit, je m'habille avec la peau du singe, je prends une trique et j'entre dans sa chambre en faisant des gambades comme un vrai babouin.

« L'Anglais s'éveille.

« — Knips, Knips, qu'il dit, veux-tu t'en aller ! méchante singe !

« Il cherche un morceau de bois, une canne, n'importe quoi. Je ne lui en donne pas le temps. Je lui allonge... paf ! un grand coup de bâton sur les *hémoplaques*. Il croyait que c'était son autre singe.

« Enfin, finalement, je lui en ai tant flanqué qu'il est resté quinze jours au lit.

« Il a fait sur moi au capitaine un rapport très-favorable et j'ai été porté pour ce fait à l'ordre du jour du bataillon. »

Pendant le pittoresque récit de Rouillard, Cécile avait donné plusieurs fois des signes d'impatience... A chaque *velours* dont le digne soldat émaillait sa diction, elle échangeait avec Champcarré un regard d'intelligence et cherchait à deviner quelle impression cette narration produisait sur le vicomte.

En conséquence elle guignait de l'œil sournoisement celui-ci, si bien que deux ou trois fois leurs yeux se rencontrèrent.

Il semblait à Cécile que ces regards lui faisaient mal ; aussi elle ne se permettait de fixer le vicomte que lorsque celui-ci avait la tête tournée.

Elle ne tarda pas à remarquer combien San-Colombano l'emportait sur son cousin, pour la régularité des traits, la vivacité de l'œil et l'aplomb superbe que donne l'expérience du monde.

Puis l'étrange histoire de Rouillard venant après les spirituels papotages de Raphaël, lui paraissait tellement lourde, tellement triviale, qu'elle se prit à considérer le vicomte comme le type le plus parfait du conteur.

Pendant tout le reste du repas elle se suspendit pour ainsi dire à ses lèvres, écoutant religieusement toutes ses paroles, recueillant toutes les phrases qu'il prononçait avec cette simplicité que nous lui connaissons et qu'il avait eu soin, pour le moment, de purger de toute espèce de paradoxes sceptiques.

Le vicomte à son tour remarqua qu'il avait fait une certaine impression sur mademoiselle de Vadans ; aussi chercha-t-il dans son imagination et dans sa mémoire tout ce qui pouvait intéresser la jeune fille, et cela au risque d'ennuyer le général pour qui le style de Rouillard était sans pareil.

Mais M. de Vadans avait eu sa part; aussi écoutait-il avec intérêt les babillages de San Colombano.

Quand l'heure fut venue de se retirer, il pria Champcarré de ne plus le négliger à l'avenir et de lui amener le vicomte, chaque fois qu'une pareille visite ferait plaisir à celui-ci.

San Colombano remercia le général de l'honneur qu'il lui faisait :

— Mademoiselle de Vadans, ajouta-t-il, parlait, au commencement de ce repas, de son amour pour l'équitation. Si vous le permettez, général, nous irons, Champcarré et moi, le jour que vous fixerez, vous prendre chez vous. Mon ami a deux chevaux de selle; moi j'en ai trois dont une jolie pouliche blanche digne d'être offerte à une abbesse du moyen âge... mademoiselle Cécile la montera et nous irons ensemble au bois de Boulogne. Je suis certain que toutes les amazones de Paris perdront la tête de dépit en vous voyant passer, mademoiselle.

Ce compliment, ou plutôt la façon dont il fut dit, fit rougir Cécile de plaisir.

Elle se tourna vers son père :

— Nous irons revoir madame d'Elvino, dit-elle, n'est-ce pas ?

II

Retour au château.

Le dernier désir exprimé par Cécile avait vaguement effrayé Champcarré.

Il consentait à aller revoir la Borghetta avec la jeune fille, mais il ne voulait pas que le vicomte les accompagnât.

— Qu'aurait-il pensé en voyant la fiancée chez l'ancienne maîtresse?

En conséquence, sans prévenir Raphël, il monta à cheval le lendemain matin et courut à Villiers.

La Borghetta ne l'attendait plus.

En l'apercevant de sa fenêtre, elle poussa un petit cri d'oiseau effarouché, descendit vivement dans la cour et alla au-devant de lui.

— O mon Dieu, dit-elle, je croyais que tu m'avais oublié!...

— Tu vois bien que non, répliqua laconiquement Champcarré.

Il sauta à bas de son cheval, jeta la bride aux mains du palefrenier et suivit l'Italienne dans son salon.

— Tu n'as donc pas reçu ma lettre? lui demanda-t-elle.

— Pardon ! mais je ne l'ai reçue qu'avant-hier soir; et hier, j'avais invité le général à déjeuner.

— Enfin, te voici; c'est l'essentiel. Tu ne saurais croire le mal que tu m'as fait; mais je te pardonne, va!... Tu me consacres toute cette journée?

— Oui! Borghetta, et tu sais que c'est un grand plaisir pour moi.

L'ancienne actrice jeta sur le jeune homme des regards de reproche :

— Si c'était un bien grand plaisir pour toi, Mathieu, reprit-elle, tu chercherais à le goûter plus souvent.

Champcarré s'excusa comme il put, se rejeta sur les occupations nouvelles que lui créait sa position vis-à-vis de M. de Vadans; il ne lui avait, disait-il, pas été possible de distraire une seule de ses journées. Mais il se promettait de venir plus souvent désormais.

— O mon ami, murmura l'Italienne, tu ne croirais pas tout le bien que me fait ta présence. Tiens ! sans toi, ce château, ce jardin, ces arbres, ces oiseaux me fatiguent; il me manque mon bien-aimé, mon... frère... Tu m'as permis de t'appeler ainsi?

— Oui, Borghetta, et je suis heureux d'avoir une sœur aussi bonne et aussi charmante.

Et les lèvres du jeune homme effleurèrent le front blanc que l'actrice avait appuyé sur son épaule.

— Doux nom, que celui de sœur, continua-t-elle; aussi lorsque je te vois, mon frère, ce qui m'ennuyait devient un plaisir pour moi. J'aime ma solitude que tu remplis; je raffole de mes grands arbres et de mes petits oiseaux, j'ai envie d'envoyer des baisers à ce bon soleil qui baigne de rayons mes plantes et mes fleurs. Tiens, écoute-moi, Mathieu : il me vient parfois l'idée que tu n'es pas heureux non plus, loin de ta pauvre sœur. Tu t'es laissé étourdir par tous les parfums de Paris; tu as la migraine que donnent les roses. Oh ! ne le nie pas ! Tu n'es plus joyeux comme le jour où je t'ai connu. Tu parais avoir déjà trouvé de l'amertume au fond de la coupe. N'est-ce pas, mon frère?

Champcarré était sous le charme de ces paroles poétiquement tendres. Elles glissaient de ses oreilles dans son cœur, comme un fluide qui assoupit tous les autres sentiments pour ne laisser subsister que cette sensation douce qu'on nomme la rêverie.

Il ne répondit que par un soupir.

— Oh ! reprit-elle, j'en suis sûr; tu n'es pas complétement heureux, et tu as tout ce qu'il faut pour l'être. Si tu restais ici, près de moi, près de ta sœur, je ne laisserais pas pénétrer jusqu'à toi ce fantôme qu'on appelle l'ennui, ni ce spectre qu'on appelle le découragement de la vie. Tu ne verrais que les personnes que tu voudrais voir. Nous vivrions l'un pour l'autre, ou plutôt je vivrais pour toi; car, hélas ! ton cœur n'est plus ici. Il s'est envolé. Où est-il maintenant? sur quelle branche le volage s'est-il posé?

— Sur aucune, ma sœur; il erre encore.

— Oh ! bien vrai, mon ami? Bien vrai? Tiens ! je crois une chose, c'est que, quand bien même une femme serait perdue... comme moi; tombée comme moi... si elle aime véritablement quelqu'un, ce quelqu'un finira tôt ou tard par lui donner, en échange de son amour, une affection fraternelle! Le crois-tu aussi, Mathieu?

— Je t'aime plus que je n'aimerais ma sœur véritable.

— Oh ! mon ami, redis-le moi encore! Vois-tu, je ne suis plus qu'une pauvre recluse, bien solitaire, bien dépouillée de tout ce qui fait la gloire et la joie; mais si tu me le redis du fond de ton cœur, je vais être joyeuse comme un enfant qui a retrouvé sa mère.

— Je te le répète, Borghetta.

— Merci, mon frère! Oh ! me voici heureuse pour longtemps, pour quinze jours, pour jusqu'au moment où tu reviendras me voir... Tu n'es pas comme c'est doux de se sentir aimée avec désintéressement, surtout lorsqu'on a épuisé toutes les voluptés sans avoir jamais trouvé l'amour au fond; sans jamais avoir pu verser son cœur dans celui d'un autre; quand on a été un jouet, un instrument que les débauchés se disputaient...

La voix de l'Italienne devint sourde.

— Temps infâme ! misère infâme !... souvenirs infâmes !... J'étais pure comme le lis qui naît, comme le bouton de rose que la guêpe n'a point encore piqué ! Et voilà que tout à coup je suis tombée lourdement, honteusement, parce que je ne savais pas travailler; que je voulais mettre de belles robes; briller dans des voitures élégantes ! O honte ! ô turpitude! je me suis vautrée dans des immondices pour ramasser l'or qui était dessous. Et du haut de ma richesse, je riais quand une femme du peuple, une vieille en haillons, une jeune fille courbée par une héroïque misère me

montraient du doigt en disant : Voilà une catin qui passe !
O ignominie !... Où ne suis-je pas descendue !... Quel escalier conduisant à l'égout, qui n'ait pas gardé l'empreinte de
mon pied ! Théâtres ! soupiraux d'enfer ! minotaures de
toutes les virginités ! Instincts de luxe qui sont des instincts
de débauche !... Oh ! comment ai-je osé me montrer !...
Oui ! j'ai bien fait de venir ici ; je ne suis pas encore assez
seule ! Il me faudrait une tombe large et profonde, d'où mes
cris n'arrivent pas même aux oreilles du christ sculpté sur
ma croix de pierre !... Je suis folle de croire que quelqu'un
me tendra la main pour se salir ; qu'un cœur battra pour
le mien qui a tant battu de honte !...

La Borghetta s'était dressée imposante et sombre comme
une Euménide dans l'attitude de la malédiction ; et Champcarré la regardait avec des yeux presque effrayés.

Cette explosion de repentir amer, inexorable, fatal, indiquait quelle terrible expiation subissait la pécheresse dans
les tenailles et sur le chevalet de sa conscience.

Mathieu prit la main de l'ancienne actrice.

— Tu es injuste, Borghetta, lui dit-il gravement. Pourquoi te désespérer ! plus la chute a été profonde, plus tu
dois avoir confiance en celui qui pardonne, car la confiance
est la moitié d'une prière. Tu te purifieras par le repentir
calme et attristé et non point par l'imprécation. Puis tu es
excusable sous bien des points de vue. Une partie de ta
faute peut être imputée à ce hasard malheureux qui te priva
si jeune de tes parents, une autre partie au défaut de ton
éducation trop brillante pour ton peu de fortune. Le tiers
de ces fautes est à toi. La résolution que tu as prise, la
noble conduite que tu tiens maintenant t'absolvent. Je suis
fier aujourd'hui que tu veuilles bien me laisser t'appeler
ma sœur.

— Tu as la générosité de la jeunesse, Mathieu. Merci...
mais personne ne pensera comme toi.

— Qu'importe ! n'as-tu pas ta conscience ?

— C'est mon premier accusateur et mon plus terrible
juge.

Il y eut instant de silence.

Couchée sur son canapé, l'Italienne semblait brisée par
ses émotions intérieures. Peu à peu cependant, les idées se
pressèrent dans son cerveau, moins noires, moins mélancoliques.

— Qui sait, dit-elle ? si le repentir absout, je serai par-
donnée ; car, ô mon Dieu ! vous voyez le fond de mon
cœur !... Et vous savez qu'il n'y reste plus un coin où le
vice puisse se loger.

Et le visage splendide de l'actrice s'illumina d'un céleste
rayon, ses grands yeux qui semblaient refléter la sombre
couleur d'un ciel d'orage se fixèrent dans le vague de l'azur
avec des étincellements éblouissants.

Un instant Champcarré crut qu'il assistait à l'une de ces
métamorphoses d'extatique dont la figure offre une image de
celle des bienheureux qui chantent devant Dieu l'hymne
vague de l'éternité.

Une émotion puissante parce qu'elle agitait le cœur s'empara de lui ; ses lèvres et ses genoux tremblèrent. Il déposa
un baiser de feu sur la main que la Borghetta lui avait
abandonnée.

Elle tressaillit, et son enthousiasme tomba avec autant de
rapidité qu'il était venu.

— Oublie tout cela, mon frère, dit-elle. Nous avons
quelques heures à passer ensemble ; il ne faut pas que je te
donne le spectacle de mes faiblesses de tous les jours.

— Oh ! ma Borghetta, ton frère t'aime plus que jamais !...

— Est-ce que je ne t'aime pas, moi ? Ah ! si tu savais
tous les rêves que je fais pour toi ? Tiens ! il me vient quelquefois aux lèvres le souhait que l'on te ruine...

— Ah !

— Oui ! pour que tu acceptes ma fortune.

— Bonne sœur ! je n'accepterais pas.

— Alors, tu n'es pas un véritable frère pour moi. Est-ce
qu'on refuse les dons d'une sœur ?...

Ces paroles avaient rappelé au jeune homme la fameuse
soirée qu'il avait passée au tripot de Triel : ce souvenir lui
serra le cœur.

— Quatre cent mille francs, pensait-il ! Presque la fortune de huit ou dix familles d'honnêtes paysans qui ne de-
mandent rien à personne et payent des impôts au gouvernement !

Il ajouta à haute voix.

— Ma foi, Borghetta, ce souhait pourrait bien se réaliser,
si j'étais toujours aussi fou qu'il y a quelques jours.

Et il raconta à son amie les féroces parties de lansquenet
qu'il avait gagnées et perdues dans le tripot de la rue Bergère.

Pendant ce récit, la Borghetta était devenue rêveuse. Plusieurs fois elle avait demandé à Mathieu quelle avait été
l'attitude de Lehmann et de San Colombano pendant cette
soirée.

— Ils ont perdu comme moi, répondit-il.

— C'est bien extraordinaire, fit l'actrice. Alors qui donc
a gagné cette somme énorme ?

Un individu que personne ne connaissait... du moins de
nom, et qui m'a fait faire des billets payables à l'ordre de
Georges Surrey, esquire.

— Où ces billets sont-ils payables ?

— Chez moi, apparemment ; car je n'ai pas spécifié d'autre adresse.

— Il faudra réfléchir à cela, j'ai idée que tu as été dupé
par quelque chevalier d'industrie. Ce n'est pas extraordinaire à Paris. Repose-toi pour cela sur moi. Je trouverai un
stratagème qui fera découvrir la fraude si elle existe. En attendant, est-ce que tu ne revois pas cet homme-là ?

— Non !

— S'il est riche, on doit le rencontrer dans le monde ;
s'il ne l'était pas avant cette veine heureuse, il doit faire
aujourd'hui des excentricités qui le feront connaître. —
Voilà un dilemme irréfutable.

— Je ne l'ai rencontré nulle part.

— Après tout, c'est peut-être un de ces avares qui n'ont
d'autre jouissance que celle d'entasser.

— S'il était avare, il n'aurait rien hasardé sur un bénéfice
trop aléatoire. Du reste il jouait avec des allures d'un homme
à qui la perte ou le gain sont également indifférents... en
apparence. — Sa figure était impassible, quand il eut gagné,
il ne parut ni plus ni moins maître de lui-même.

— C'est un joueur de profession.

— Je le crois.

— Peut-être jouait-il pour le compte d'un autre...

Cette phrase fit naître une soudaine idée dans l'esprit du
jeune homme.

— Serait-ce possible ? murmura-t-il.

— Il existe à Paris des hommes qui n'ont pas d'autre profession. Comme ils sont pauvres, on les exploite. Un homme
riche en prend à sa solde :

— Vous jouez bien, leur dit-il ; vous avez la main heureuse. Tenez, voilà de l'or. Seulement votre gain m'appartient ; je vous donnerai des honoraires en échange.

— Mais, fit le jeune homme, c'est une ignoble spéculation. Un homme qui agit ainsi est un voleur et un faussaire.

— Il est certain que ceux qui agissent de cette façon ne
vont pas le crier sur les toits.

— Oh ! je donnerais beaucoup à celui qui découvrirait
quelque chose à cet égard ! J'ai perdu, je m'exécuterai ;

mais je serais heureux d'imprimer une flétrissure publique sur le front de ces êtres méprisables.

— Tu ne connais donc personne d'honnête autour de toi?..

— Le vicomte... peut-être.

— Peut-être, en effet. Ce pauvre Brugnières qui est mort si malheureusement aurait pu faire sur San Colombano bien de piquantes révélations; mais je ne veux pas te donner par anticipation une mauvaise opinion de ton unique ami. Nous verrons plus tard. Tout se divulguera. Le vicomte mène grand train et l'on ne sait où il prend tout l'argent qu'il dépense.

— Il a des actions industrielles; et je le crois en compte avec Lehmann.

— Le juif y perdra certainement, à moins qu'il ne soutienne San Colombano... par pure affection; mais bref, le vicomte, quelque bien disposé qu'il fût, ne pourrait te rendre le service de se mettre à la poursuite de ce Surrey. Il faut un homme dont on ne se méfie pas et qui te porte un intérêt réel.

— Ma foi, je ne vois que mon maître d'armes.

— Leroux?

— Oui!

— Il ferait parfaitement l'affaire; d'autant plus que je le regarde comme l'incarnation la plus réussie de la probité!

— Je lui en parlerai. Mais trêve à tout cela. San Colombano doit faire partie d'une cavalcade qui pourra fort bien s'arrêter ici dans quelques jours.

La Borghetta poussa une exclamation d'étonnement craintif.

— Et comment cela? dit-elle.

— Cécile veut venir te revoir, et San Colombano est invité à nous accompagner.

Un nuage de tristesse passa sur le front de l'Italienne.

— Tu me feras prévenir et j'aurai soin de n'être pas chez moi ce jour-là. Que fait ta... fiancée, maintenant?

— Elle est bien changée.

— Je m'en doutais.

— Je me doute, moi aussi, que c'est un peu le résultat de la conversation que tu as eue avec elle.

— Il faut t'en prendre à Paul-Louis Courrier, mon ami; elle a lu Daphnis et Chloé.

— Oh! je comprends tout maintenant.

— Ai-je eu tort?

— Je ne sais, Borghetta. Il est bon de laisser dormir l'innocence, quand elle commence à s'éveiller, c'est une révolution profitable à l'un et nuisible à l'autre.

— Est-ce que tu craindrais déjà que l'amour de cette jeune fille se détournât de toi pour se donner à un autre?

— Je ne l'aime pas encore.

— Tu espères que tu pourras l'aimer?

— Je le crains.

— Aime-la bien; si l'on n'aime pas celle qu'on épouse, on est toujours malheureux.

Champcarré regarda la jeune femme à qui sa mélancolie était revenue.

— Il y a entre elle et mon amour une image que je ne chasserai pas facilement.

— Tu oublies que l'amour de la sœur peut marcher de front avec l'amour de l'épouse.

— Hélas! fit le jeune homme avec un accent que la Borghetta ne put interpréter.

Puis il se leva du canapé.

— Qu'allons-nous faire? dit la Borghetta. Tâchons de ne pas nous ennuyer pour un jour que nous sommes ensemble. Il y a du soleil et de l'ombre; veux-tu venir faire un tour dans mon jardin?

Champcarré accepta.

Les heures s'écoulèrent avec une délicieuse rapidité pour elle et pour lui. Depuis les jours de son enfance, jamais Mathieu ne s'était trouvé si complètement heureux et tranquille de cette profonde et heureuse tranquillité de la nature qui l'entourait.

Les oiseaux joyeux chantaient en se poursuivant entre les branches, on entendait bourdonner les abeilles et les frelons. Les fleurs d'or et d'argent s'épanouissaient dans les herbes et agitaient leurs petites têtes chargées d'aigrettes multicolores.

Un souffle léger comme une haleine de chérubin et embaumé comme l'air qui flotte dans la salle aux parfums des sultans de Bagdad errait dans l'atmosphère, entre les tiges du gazon, et agitait doucement les feuilles murmurantes.

Au milieu de ces dômes que forment les rameaux des hêtres et des tilleuls en se courbant l'un sur l'autre, le soleil apparaissait comme une énorme lampe d'or suspendue par le bon Dieu pour réchauffer la terre; et ses rayons en se diffusant formaient autour de la tête des promeneurs une double auréole étincelante.

Ils s'en allaient la main dans la main, devisant des jours passés et formant des projets d'avenir, comme si ce passé n'eût pas été plein de ténèbres, et comme si l'avenir ne se fût pas lui-même chargé des ténèbres de l'heure présente.

Peu à peu tout fut oublié par le jeune homme. Paris ne lui apparut plus que comme un nuage lointain. L'image de Cécile, celle de Moustache s'envolèrent de son esprit:

— Il fait bon ici, dit-il.

La Borghetta soupirait.

Cependant la nuit vint: la main invisible qui étend sur nos fronts le rideau d'étoiles tira le voile d'ombre sur la face de la terre.

— Partirai-je? dit Champcarré, en s'agenouillant devant l'Italienne.

La Borghetta le releva:

— Embrassez-moi, mon frère; et partez, dit-elle. Vous savez de quoi nous sommes convenus.

— Oui! oui! Borghetta! mais ne me permettrez-vous jamais de vous donner un autre nom que celui de sœur?

— Pars, mon ami. N'oublie pas ta fiancée.

Il embrassa l'ancienne actrice au front.

— Je viendrai souvent! dit-il.

III

Où Leroux entre en campagne.

Champcarré, que les réticences de la Borghetta avaient mis en éveil, ne crut pas devoir communiquer à San Colombano son projet de poursuites.

Pressé de questions par celui-ci au sujet de sa fugue, il répondit d'une manière évasive, prétexta un grand mal de tête et se retira dans ses appartements en attendant l'heure à laquelle le maître d'armes venait chaque jour.

Le compère Leroux ne se fit pas attendre.

— Vous voilà revenu? dit-il au jeune homme.

— Oh! mon absence n'a pas duré longtemps, compère, répondit Mathieu. Asseyez-vous donc!

— Est-ce que nous n'allons pas commencer tout de suite?

— J'ai, auparavant, un service à vous demander.

— Vous savez, mon cher élève, que je suis entièrement à votre disposition; il ne s'agit pas au moins de quelque méchante affaire?

— Et quand cela serait?

Le maître d'armes eut des yeux effarés.

— Diable! diable! murmura-t-il. Sacrebleu! je ne sais pas; je crois que ma cravate me serre un peu.

— Rassurez-vous, compère; je n'ai aucun duel sur les bras; personne ne m'a insulté et je n'ai insulté personne.

Le professeur d'escrime respira.

— C'est que, voyez-vous, dit-il, je crains toujours pour vous. Car... c'est... que... du reste... Enfin!...

Le jeune homme serra la main du vieillard :

— Vous m'aimez un peu, vous, n'est-ce pas? demanda-t-il.

— Oh oui! fit vivement le maître d'armes, mais ce n'est pas très-désintéressé, cette affection-là; qu'est-ce que l'on dirait de moi si un maladroit vous blessait, vous à qui je donne des soins particuliers? Je passerais pour une *vieille perruque*, et le moindre de mes confrères aurait le droit de me rire au nez. En général, il ne faut aller sur le terrain que quand on ne peut pas faire autrement, me comprenez-vous? D'un autre côté, vous n'êtes pas encore assez fort pour lancer un cartel à la tête du premier venu. Dans un mois ou deux ce sera différent.

— Je suis au moins de la force du général de Vadans, aujourd'hui.

— Il tire comme il y a quarante ans, votre général. C'était une bonne lame dans son temps; mais, depuis lors, l'escrime a fait des progrès. Puis on abandonne généralement la contre-pointe pour l'espadon, c'est plus élégant et moins dangereux; on se hache à la contre-pointe; les parades n'ont pas de largeur. Enfin, je préfère la pointe, mais ceci nous éloigne singulièrement du service que vous vouliez me demander.

— Voici : il y a quelques jours, je suis allé dans un tripot.

— Malheureux enfant!...

— J'ai joué; et j'ai perdu quatre cent mille francs.

— Quatre cent mille francs, mon Dieu!

— J'en ai payé cent mille que j'avais reçus de mon père tout dernièrement. J'ai fait des billets pour les trois cent mille autres.

— Quatre cent mille francs! répéta le maître d'armes...

— Ni plus ni moins. Je payerai. Mais je désirerais savoir s'il y a eu quelque fraude à mon égard.

— Certainement, vous avez été dupé. Mais contre qui jouiez-vous donc?

— Contre un inconnu qui m'a dit depuis s'appeler Georges Surrey.

— Comment, vous jouez avec des gens que vous ne connaissez pas?

— J'étais avec Lehmann et San Colombano qui ont perdu presque autant que moi.

Le maître d'armes cacha dans ses mains sa tête grise et se mit à réfléchir, tout en exprimant la note de diapason de ses réflexions par des murmures sourds qui roulaient dans son gosier et éclataient en épithètes malsonnantes.

— Tas de gueux! brigands! scélérats! grommelait-il.

— De qui parlez-vous donc? lui demanda le jeune homme.

— Je parle des tripoteurs et des tripotiers, des coquins qui ouvrent de pareils établissements pour la ruine des familles; mais voulez-vous écouter le conseil d'un homme qui a beaucoup vécu et qui vous porte le plus profond intérêt?

— J'attends ce conseil, mon cher maître.

— Eh bien! il faudrait pouvoir trouver ce Georges Surrey.

— C'est positivement le service que je voulais vous demander.

— Comment?

— Je voulais vous prier de m'aider à mettre la main sur cet individu.

— Pardieu! je vous aiderai avec autant de plaisir et de bonne volonté que s'il s'agissait de mon propre intérêt... Mais, auparavant, il faudrait prendre quelques informations discrètes.

— Auprès de qui?

— Auprès de ceux qui ont joué avec lui.

— Ils n'en savent pas plus que moi. Lehmann et San Colombano ne le connaissent point.

Leroux hocha la tête d'une façon mystérieuse.

— Vous êtes entouré de toute sorte de pièges, mon ami, dit-il, vous devriez vous défier de tout le monde, de l'ami qui mange à votre table, de la maîtresse qui couche dans votre lit, de moi, de vous. Vous êtes dans un monde où chacun vit pour soi, l'œil tourné vers la fortune d'autrui; mais je radote, c'est bien. J'agis comme le maître d'école de la fable faisant un discours à l'enfant qui se noie. Il faut s'occuper d'autre chose. Dans quel tripot avez-vous perdu cette somme?

— Rue ***, maison Triel.

— Je connais cela. N'est-ce pas un restaurant à la mode?

— Précisément.

— Eh bien! allons-y dîner. Nous y découvrirons peut-être quelque chose.

— Dois-je prendre Moustache en passant?

— Où l'avez-vous donc laissée?

— Chez elle. La pauvre fille doit beaucoup s'ennuyer, il y a quatre jours que je ne suis allé la voir.

— Si elle s'était ennuyée, elle serait venue vous trouver... Vous lui avez donné un mobilier splendide. Vous l'avez couverte de bijoux; elle ne demande pas davantage; quand elle n'aura plus rien, elle vous reviendra. Vous allez vous marier, quittez cette femme, elle est connue dans Paris pour avoir ruiné une dizaine de fils de famille; ce serait ridicule à vous d'être le onzième.

— Je suis jeune, mon compère.

— Vous vous corrigerez chaque jour de ce défaut, mais c'est précisément parce que vous êtes jeune que vous pouvez choisir. De toutes les drôlesses à la mode que j'ai connues depuis vingt ans que je fréquente, grâce au passe-partout de ma profession, le monde des élégants et des courtisanes empanachées, je n'ai jamais rencontré qu'un seul honnête homme, le chevalier de Brugnières, et une seule femme en qui l'on pût avoir quelque confiance, votre ancienne maîtresse, la Borghetta.

Champcarré poussa un soupir.

— Pauvre Borghetta! dit-il.

— J'ai toujours eu pour cette danseuse, reprit le maître d'armes, une certaine estime. Elle me faisait l'effet d'un papillon tombé dans la boue et ne pouvant s'en retirer malgré ses efforts. Je l'ai considérée plutôt comme digne de pitié que de blâme, et bien des femmes du monde, qui passent pour des vertus, n'ont point la virginité de son cœur, si ce n'est de son corps.

Mathieu serra une seconde fois la main du maître d'armes.

— Vous ne savez pas le plaisir que vous me faites, lui dit-il, en me parlant ainsi de cette pauvre femme que j'aime comme une sœur! Je vous en remercie, mon vieil ami.

— J'ai exprimé ma pensée franchement à son égard comme à l'égard de Moustache.

— Nous laisserons donc Moustache chez elle?

— Si elle y est; mais j'en doute.

— Après tout, mon cœur n'est pas là.

— Il fait bien de ne pas y être.

Les deux hommes sortirent. Ils rencontrèrent San Colombano qui rentrait.

— Tu as déjà dîné? lui demanda Mathieu.

— Ma foi, oui, répondit le vicomte.

— Moi, je vais me mettre à table... — Si tu veux, nous irons ce soir chez le général. C'est aujourd'hui mardi; il y a réception chez lui.

— Tu sais que je suis toujours à ta disposition.

Ils s'éloignèrent.

En passant devant la maison occupée par mademoiselle Moustache, ils entendirent des chants, des éclats de rire, qui partant du premier étage se mêlaient au clapotement d'un piano, et dominaient les bruits de la rue.

— En effet, fit le jeune homme, je crois que Moustache ne s'ennuie pas trop.

Il leva les yeux vers les fenêtres; mais il les baissa aussitôt. Il venait d'apercevoir la tête ignoble de Lehmann qui se penchait sur la rue.

Leroux avait suivi la direction des regards de son élève.

— Que vous ai-je dit? murmura-t-il: Elle a choisi un joli cavalier, qu'en pensez-vous?

— Lehmann est riche, répondit le jeune homme.

Ils continuèrent leur chemin, Leroux souriant, Mathieu blessé intérieurement de la conduite de l'ingrate Moustache.

Arrivés au restaurant, ils furent l'objet de l'accueil le plus flatteur de la part de la dame du comptoir.

— Oh! monsieur de Champcarré, dit-elle au jeune homme, je croyais que vous nous aviez abandonnés. Tout le monde ici ne parle que de vous. Savez-vous que vous avez été le lion de cette quinzaine?

— Madame, fit le jeune homme qui savait à qui il parlait, il ne me manquerait qu'une lionne aussi jolie et aussi aimable que vous, pour me croire à tout jamais le plus heureux des lions.

La dame trouva que ce compliment d'assez mauvais goût méritait les honneurs de la publicité; aussi le répéta-t-elle à haute voix en l'accompagnant d'un sourire assassin à l'adresse de Champcarré.

— Où ces messieurs veulent-ils dîner? demanda-t-elle ensuite.

— Au n° 6, fit Champcarré.

Ils allèrent s'installer dans le cabinet où nous avons déjà conduit nos lecteurs.

— Ayez soin de laisser la porte ouverte, dit le maître d'armes à l'un des garçons. Il fait très-chaud aujourd'hui.

Les deux amis dînèrent tranquillement sans toutefois perdre de vue le corridor par où devaient nécessairement passer les habitués qui se rendaient soit au salon, soit à la salle de jeu.

Mais deux heures s'écoulèrent sans que Champcarré eût reconnu, parmi les allants et les venants, sir Georges Surrey.

— Je crois que nous avons perdu notre temps, dit-il au maître d'armes.

— Si j'étais à votre place, moi, je ferais causer la dame du comptoir. Elle doit savoir quelque chose.

Deux ou trois fois déjà ladite dame était venue au n° 6 s'assurer par elle-même que rien ne manquait au service; le jeune homme n'avait pas oublié de lui lancer chaque fois un compliment et une œillade; aussi pensa-t-il qu'une invitation de sa part ne serait point refusée. Il crut devoir attendre cependant qu'elle fit une nouvelle apparition.

Quand elle se présenta pour demander à ses hôtes s'ils ne désiraient plus rien, Champcarré lui fit un signe.

Elle s'approcha de lui au point que son oreille touchait presque les lèvres du jeune homme.

— Nous désirerions, lui dit-il, un dessert splendide arrosé par votre meilleur vin, enfin quelque chose de délicieux et de charmant comme vous.

La dame ébaucha une petite moue de modestie.

— Je vais faire disposer tout cela pour le mieux, dit-elle.

— Ce n'est pas tout, ajouta Mathieu; ce dessert, quelque bien ordonné qu'il fût, serait incomplet s'il se présentait seul. Nous exigeons que, si vous nous le préparez, vous nous aidiez à en constater l'excellence.

— Oh! par exemple! monsieur!

— Quoi donc! ma belle hôtesse; est-ce qu'une pareille invitation vous déplairait?

— Je ne sais, monsieur...

— Que diable! acceptez, madame, fit le maître d'armes. Ma tête grise rappellera M. de Champcarré dans les bornes du devoir si vos charmes lui donnent l'envie de s'en écarter.

— Enfin, messieurs, puisque vous le voulez, j'accepte; mais à une condition, c'est que la porte restera ouverte.

Champcarré fit mine de se trouver blessé.

— Vous voulez, dit-il, m'empêcher même d'embrasser vos joues roses?

Un sourire s'épanouit sur les lèvres de corail de la dame.

— Oh! monsieur, dit-elle, vous feriez bien des jalouses.

Champcarré attira à lui la dame qui ne résista pas trop, et il l'embrassa sur les deux joues.

Elle se dégagea vivement et battit en retraite vers la porte.

— Je reviendrai tout à l'heure, dit-elle; mais plus de folies.

Le dessert promis arriva bientôt.

Le prête-nom de Triel s'était surpassé.

La dame s'assit gaillardement entre le maître d'armes et son élève, et, tout en faisant les honneurs comme une maîtresse de maison, elle savoura convenablement les délicieuses choses servies par ses soins.

Peu à peu, la conversation devint plus intime; grâce à quelque habile transition, Champcarré parvint à l'amener sur le sujet qui l'occupait plus particulièrement.

— Ma foi, dit-il d'un ton dégagé et comme s'il eût attaché très-peu d'importance à ce qu'il disait, j'avais donné rendez-vous à ce galant homme pour le lendemain et je ne l'ai pas vu.

— M. Surrey fit la dame?

— Oui! ma toute belle, j'espère bien prendre un jour ou l'autre ma revanche avec lui; c'est, sur mon âme, un fort beau joueur, et ici l'antichambre ne me fait pas peur puisqu'on vous y rencontre.

— Flatteur!

— A vrai dire, mon adorable hôtesse, je vous crains beaucoup plus que le lansquenet. Autour de la table de jeu, je ne risque que de perdre mon argent, ici je risque de perdre mon cœur. Vous connaissez sans doute ces deux vers de Victor Hugo :

Et je craindrais bien plus, comme péril urgent,
La voleuse de cœurs que le voleur d'argent. »

— Oh! nous autres pauvres femmes, nous volons moins que l'on ne nous vole!

— Je voudrais être avec vous un heureux scélérat! Prenez donc bien garde à vous, car en venant ici je ne me contenterai pas de mettre le siége devant la fortune, j'assiégerai encore votre cœur.

— Ne me parlez plus de cela, ou bien je m'enfuis.

— Bah! vous ne serez pas aussi cruelle que mon partenaire de l'autre jour.

— Il ne s'est point enfui, lui!

— Je ne l'ai pas revu?

— Si vous étiez revenu ici vous l'auriez trouvé.

— Bah!

— Il y est encore maintenant ; je vous dis cela à l'oreille ; mais n'en abusez pas pour nous abandonner.

Champcarré échangea un coup-d'œil d'intelligenc eavec le maître d'armes.

— Que m'importe après tout, dit-il ? A votre santé, ravissante nymphe !... Je vous préfère à tous les lansquenets de ce monde.

Les trois convives vidèrent leurs verres avec un parfait isochronisme.

Le maître d'armes crut devoir rappeler au jeune homme que les heures s'écoulaient.

— Quelque aimable que soit votre société, madame, dit-il, j'ose vous faire observer que nous sommes ici depuis trois heures.

— Comme le temps passe vite auprès de vous, ma charmante hôtesse ! s'écria Champcarré en embrassant pour la vingtième fois au moins sa facile voisine.

Celle-ci se leva.

— J'espère, dit-elle, que vous viendrez nous voir plus souvent.

— Si j'écoutais mon cœur, je ne sortirais point d'ici.

La dame ne savait distinguer au milieu de ce flux de compliments lesquels elle devait le plus admirer. Elle était loin de se douter que Champcarré, appropriant son style à la femme, ne s'était mis en frais que de fadaises de commis de nouveautés cherchant à séduire la soubrette de leur patron.

Elle était enthousiasmée à un tel point qu'elle daigna reconduire ses deux clients jusqu'au seuil.

Dès qu'elle fut rentrée, le maître d'armes dit à son élève.

— Ce Surrey ne peut tarder à sortir, à moins qu'il ne veuille passer la nuit au tripot. Ne perdons point de vue la porte du restaurant. Vous me le désignerez.

Ils s'embusquèrent tous deux sous la porte cochère d'une maison d'où ils pouvaient, sans être vus, surveiller l'établissement Triel.

Leur faction ne fut pas de longue durée.

— Le voilà ! s'écria tout à coup Champcarré.

Le petit homme crasseux que nous avons déjà vu deux fois dans le courant de cette histoire venait en effet de sortir du restaurant. Il était un peu mieux vêtu qu'à l'ordinaire. Un paletot presque neuf, mais trop large, enveloppait son torse étroit et ses épaules à angles saillants ; son chapeau paraissait avoir été fraîchement retapé. Un col de chemise d'une entière blancheur sortait de sa cravate comme les deux cornes d'un escargot ; ses bottes brillaient ; enfin, on aurait pu le prendre pour quelque honnête épicier en retraite, possesseur de quinze à dix-huit cents francs de rentes.

— Il me semble que je connais ce drôle-là, fit le maître d'armes. Je me charge de lui ; rentrez tranquillement chez vous, et ne vous occupez plus de moi. Demain matin, j'irai vous voir.

Les deux hommes se quittèrent.

Champcarré revint lentement à son logis, tandis que Leroux enfonçant son chapeau jusque sur ses yeux, se mettait à la poursuite de sir Georges Surrey.

IV

Georges-Lambert Surrey.

Surrey descendit lentement le boulevard Bonne-Nouvelle, s'engagea dans la rue Saint-Denis, prit obliquement le quai de Gèvres, traversa le pont de la Cité et le Petit-Pont et suivit les tortueuses sinuosités de la rue Saint-Jacques.

— Sacrebleu ! grommelait le maître d'armes ; voilà une flère course que ce drôle-là me fait faire. Il s'arrêtera peut-être ! Ne nous décourageons point.

Il mit donc ses pas sur ceux du joueur, sans prendre aucune précaution et au risque d'être remarqué par celui-ci.

— Mais Surrey songeait sans doute à son admirable martingale, car durant tout le temps de ce long parcours il ne tourna pas une seule fois la tête.

Arrivé de l'autre côté du Panthéon, au coin de la rue des Grés, le compère Leroux était tout essoufflé.

Le petit homme marchait toujours sans avoir conscience de cette ombre humaine qu'il traînait après lui.

On passa devant l'église Saint-Jacques du Haut-Pas ; devant le Val-de-Grâce, et Surrey continuait à longer les maisons de l'air d'un homme qui n'a rien de mieux à faire.

— Il ira peut-être jusqu'aux fortifications ! — murmurait le professeur d'escrime épouvanté. — N'importe !... je le suivrai.

Cette résolution était bien ancrée dans l'esprit de Leroux, car il vit le petit homme dépasser l'hospice Cochin, l'impasse Longue-Avoine, la rue Méchin et la rue de Biron, puis la barrière d'Arcueil et enfin s'engager dans la rue de la Tombe-Issoire.

Là, les passants étant devenus plus rares, Surrey entendit un pas qui suivait le sien ; il se retourna.

L'aspect du maître d'armes le fit tressaillir ; néanmoins, comme celui-ci feignait de ne pas s'occuper de lui, il pensa n'avoir point été reconnu et prit une allure plus rapide.

Il lui sembla bien que le maître d'armes réglait son pas sur le sien ; mais il n'osa plus se retourner. Il prit donc la rue à droite et s'engagea dans un dédale de maisons en ruine et en construction, occupant l'emplacement qui forme de nos jours l'avenue du Capitaine.

Leroux se dissimulant derrière une saillie de ces maisons, vit le petit homme sortir du labyrinthe des bâtisses, retourner sur ses pas et venir frapper à la porte d'une maison d'assez chétive apparence de la rue des Catacombes.

— Bon ! fit le maître d'armes, je connais sa tanière, maintenant.

Il tira de sa poche un de ces petits carnets anglais, que l'on vend sur les quais un prix plus que modeste de quinze centimes, et il écrivit exactement le numéro de cette maison, puis il entra chez un marchand de vins et se fit servir une tasse d'affreux café à peine digne des soi-disant établissements arabes de la banlieue et des barrières.

Il achevait à peine de déguster l'âpre falsification de moka qu'on lui avait servie, que la porte de la maison Surrey se rouvrit et donna de nouveau passage au petit homme.

Il fit quelques pas en avant, inspecta d'un coup d'œil les deux côtés de la rue, puis se dirigea vers l'établissement où se trouvait Leroux.

Celui-ci se dissimula autant qu'il put dans un des angles de la salle, et il attendit l'arrivée de Surrey.

L'ancien professeur de mathématiques tenait à la main un énorme morceau de pain. Leroux l'entendit demander au marchand de vins une portion de bœuf et une demi-bouteille de vin à *quinze*.

Puis il vint s'installer à une petite table en sapin, le dos tourné à celle où se trouvait le professeur d'escrime.

Une douzaine d'ouvriers appartenant les uns à l'imprimerie Migne, les autres aux ateliers du chemin de fer d'Orsay, prenaient là leur repas du soir ; car il était à peu près sept heures, la course, depuis la maison Triel jusqu'à Montrouge, ayant duré tout au moins une heure et demie.

Surrey ne remarqua donc point Leroux.

Il se mit à manger d'un air d'appétit, échangeant de

rares paroles avec un jeune homme dont les longs cheveux noirs, flottant comme ceux des rapins, et le teint blême, indiquaient suffisamment le métier de typographe.

Qu'on nous permette à ce sujet une courte digression :

La population ouvrière de Paris, si digne en général, par son intelligence et ses laborieux instincts, de l'intérêt des gouvernements, se partage en plusieurs classes bien distinctes, qui n'ont de rapports entre elles qu'à l'heure des révolutions.

Celle qui devrait dominer toutes ces classes par la nature de ses travaux, par l'intelligence qu'elle déploie, la classe des typographes, est celle qui donne précisément le plus de regrettables exemples de turbulence et d'immoralité.

Que le compositeur qui fera passer cette page manuscrite, mot par mot, sur sa règle de métal, se rappelle qu'il existe partout d'honorables exceptions; mais nous n'en maintenons pas moins notre assertion.

Il est triste de voir les jours de *banque* toute cette blême population qu'affligent les vieillesses prématurées, se ruer dans les guinguettes où coule le poison sous forme de vin bleu; où l'absinthe couleur de cadavre s'apprête à tuer le corps et l'âme de ceux qui la boivent.

C'est là que s'engloutissent les économies qui assureraient à l'ouvrier au moins quelques mois d'indépendance tranquille, lorsque l'ouvrage a cessé momentanément; c'est là que les mères viennent chercher au milieu de la nuit des fils qui n'ont plus de l'homme que l'immonde ivresse.

L'absinthe a tué plus d'intelligences que nos guerres n'ont tué d'hommes depuis trente ans, et les typographes font une très-grande consommation de cette affreuse liqueur.

D'où provient cette décadence ?

De la faute d'une éducation trop libérale ; de l'orgueil que cette éducation engendre, orgueil qui se fait désespoir quand il n'est pas assouvi, et qui tend à devenir abrutissement pour ne plus être douloureux.

Puis les typographes gagnent souvent moins, nous devrions dire : toujours moins, que le relieur qui travaille auprès d'eux.

Mais revenons à nos moutons.

Lorsque Surrey eut terminé son repas d'anachorète, il se leva, boutonna son paletot et s'apprêta à sortir.

Ses yeux rencontrèrent alors ceux du maître d'armes qui étaient braqués sur lui comme deux canons de pistolet.

Leroux vint à sa rencontre.

— Il me semble, sacrebleu! que je vous ai déjà vu quelque part? s'écria-t-il.

— Il me semble aussi, monsieur, balbutia Surrey, que votre physionomie ne m'est pas tout à fait inconnue.

— Je m'appelle Leroux et je suis maître d'armes.

— Ah! je me rappelle : je vous ai vu chez M. le vicomte de...

— De Brugnières.

— De Brugnières, précisément. Un bien digne vicomte... je veux dire... chevalier... J'aurais du plaisir à le revoir.

— Vous ne le reverrez plus!

— Bah! il s'est donc expatrié?

— Oui! pour l'autre monde.

— Ah! le pauvre jeune homme est mort. C'est bien dommage! Quel malheur! J'aurais juré qu'il vivrait cent ans. Au revoir, monsieur Leroux. Tenez! ce que vous venez de me dire m'a brisé le cœur.

— Hypocrite et menteur, pensa le maître d'armes.

Et à haute voix :

— Sapristi, mon cher monsieur... Comment dois-je vous appeler?

— Surrey, monsieur Leroux, Surrey!

— Il me semblait qu'autrefois vous aviez un autre nom... Lambert, si j'ai bonne mémoire.

— En effet, monsieur Leroux, mais c'est mon prénom. Je m'appelle Georges-Lambert Surrey. Mille compliments, monsieur Leroux.

Le maître d'armes retint le petit homme par le bouton de son habit.

— Vous êtes donc bien pressé, monsieur Surrey! Sacrebleu! on ne quitte pas ainsi les amis. Voulez-vous accepter une tasse de café?

— Grand merci! Je ne prends jamais que du thé...

Leroux s'avança vers la porte de la boutique.

— Garçon, cria-t-il, deux tasses de thé.

— Mais, mon bon monsieur Leroux, savez-vous... je vous jure...

— Allons! corbleu! pas tant de façons. Puisque vous aimez le thé, nous en boirons. Figurez-vous que je m'ennuie affreusement ici, et si j'étais seul je mourrais au bout d'une heure.

Surrey s'était assis bon gré, mal gré.

— Vous attendez sans doute quelqu'un, monsieur Leroux? — demanda-t-il.

Le maître d'armes fit un signe mystérieux :

— Chut, dit-il, il y a du monde ; et vous savez que sur quatre personnes, il se rencontre au moins un espion.

— C'est donc grave?

— Oh! très-grave ; mais chut encore une fois! Les murs ont des oreilles, et qui plus est des bouches...

La curiosité de Surrey était excitée.

— Cela ne peut donc se confier? dit-il.

— A vous, mon cher, je ne cacherais rien : vous êtes une vieille connaissance; mais tonnerre! je vous le répète, il faut mettre ici sa langue dans sa poche.

— Il y a une salle au-dessus.

— Montons-y, alors.

Le petit homme précéda le maître d'armes, dans un vieil escalier tout branlant, tout vermoulu, enfermé dans une cage en sapin, et qui conduisait à une chambre où se trouvaient une large table sur le premier plan, et au fond un lit dépourvu de rideaux.

— Si j'apprends quelque chose d'intéressant, se disait Surrey, j'en ferai mon profit. Il n'y a rien d'aussi bêtement communicatif que ces vieux soldats avec leurs moustaches en croc et leurs grands sabres qui traînent.

Et un sourire éclairait d'un rayon blafard le visage anguleux du chevalier d'industrie.

Dès qu'ils furent assis et qu'un fac-similé de thé leur eut été servi dans deux bols éraillés par un long usage, le maître d'armes se pencha à l'oreille de son compagnon.

— Vous avez peut-être fréquenté le grand monde depuis quelque temps? — lui demanda-t-il.

— Très-peu! Comment voulez-vous qu'un pauvre homme comme moi hante l'aristocratie?

— A quel titre la fréquentiez-vous donc autrefois!

— J'avais donné des leçons de mathématiques à presque tous ces jeunes gens qui sont aujourd'hui morts ou retournés dans leurs provinces.

— Il me semblait vous avoir vu quelquefois avec Lehmann.

— Je ne le connais pas, qu'est-ce que ce Lehmann?

— Si vous ne le connaissez pas, à quoi bon vous parler de lui?

Surrey avait réfléchi.

— Après tout, dit-il, j'ai souvent entendu prononcer ce nom-là, et il est possible que je me sois rencontré à mon insu avec celui qui le porte; mais vous savez, on voit tant de monde.

— Oui! c'est vrai, moi j'ai la mémoire des noms, mais je n'ai pas la mémoire des figures. Tout à l'heure, je me suis bien rappelé votre nom, mais je vous reconnaissais à peine.

— Je n'ai cependant pas changé.

Leroux examina scrupuleusement Surrey comme s'il eût voulu corroborer par l'observation le dire de son compagnon ; mais, en réalité, il profitait de ce moment de silence pour résumer les pensées qu'avait fait naître en lui la situation dans laquelle il avait rencontré Surrey.

— Ce n'est certainement pas, se dit-il, l'allure d'un homme qui a gagné plusieurs centaines de mille francs. Est-ce un avare ? L'avarice ne pourrait certes pas être poussée à ce point-là. Posséder des capitaux énormes et manger une portion de bœuf, c'est au moins singulier.

Ne sachant à quoi s'en tenir sous ce rapport, il résolut de frapper un coup décisif.

— Si donc, reprit-il, vous aviez fréquenté le monde, vous auriez pu remarquer depuis quelque temps un jeune homme qui mène le plus grand train, un nouveau lion qui éclipse tous ses rivaux par son luxe, sa richesse et son élégance.

— Ah !

— Ce jeune homme a été gravement insulté par un homme d'Etat puissant, et redouté par chacun à ce point de vue.

— Oh ! les puissants ! Je suis socialiste, mon cher...

— Moi aussi. Tout le monde est socialiste, c'est-à-dire tout ceux qui n'ont rien et qui voudraient partager avec les autres.

— C'est vrai !

— Or, ce jeune homme a provoqué l'homme d'Etat en duel.

— Diable ! un homme d'Etat. Ça doit se battre fort mal.

— Détrompez-vous, mon cher ; celui-là tire l'épée aussi bien que moi.

— Et le jeune homme a choisi l'épée ?

— Malheureusement oui ! de sorte que je crains fort l'issue de ce combat.

— Est-ce que le jeune homme ne sait pas les armes ?

— Très-peu. Il n'a que quelques mois de salle.

— Diable ! Et vous attendez ici les adversaires ?

— Oui ! mais ne parlez de cela à personne. C'est une question capitale.

— Je ne sais pas leurs noms.

— L'homme d'Etat s'appelle ***.

— Bon Dieu ! un ministre d'hier, qui peut le redevenir demain...

— Ni plus, ni moins, mon cher. Vous voyez combien l'affaire est sérieuse...

— Oh ! vous n'avez pas besoin de me recommander le secret. Personne ne bavarde moins que moi. Ah ! si je voulais parler, il y a des hommes haut placés qui tomberaient bien bas ! Mais, bref, vous ne m'avez pas appris le nom du hardi jeune homme qui court ainsi à une mort presque certaine.

Le maître d'armes plongea deux yeux gris et perçants dans les yeux de son compagnon.

— Il se nomme Mathieu de Champcarré, dit-il.

Malgré son empire sur lui-même, Surrey ne put s'empêcher de tressaillir à ce nom.

— Est-ce que vous le connaissez ? fit le maître d'armes.

— Un peu. Je me suis trouvé avec lui. Mais ça ne fait rien. On ne peut appeler cela une connaissance. Aussi, ma foi, qu'il se fasse tuer s'il le veut, je m'en lave les mains.

Le maître d'armes était stupéfait de cette dissimulation parfaite ; cependant il ne laissa rien échapper de cet étonnement.

— Où aura lieu le combat ? — demanda Surrey d'un air tout à fait insignifiant.

— Derrière les murs de la fabrique de noir animal.

— Ah ! l'endroit est désert ; vous ne risquez pas d'être *arquepincés* par la *rousse*.

Ces deux expressions d'argot imprudemment lancées firent un étrange effet sur le maître d'armes.

— Fichtre ! le beau langage ! s'écria-t-il.

— J'ai retenu cela de la bouche des ouvriers qui viennent ici, fit l'ex-professeur en rougissant.

Puis, comme sa tasse de thé était achevée, il se leva de table et descendit l'escalier. Cette fois Leroux ne le retint point. Il avait lancé sa flèche ; il attendait qu'elle arrivât au but.

Surrey lui serra la main en lui renouvelant l'assurance de sa discrétion.

— Si j'avais le temps, je resterais avec vous, dit-il, mais les affaires avant tout. J'ai encore une leçon à donner. A propos, à quelle heure aura lieu cette rencontre ?

— Demain matin au petit jour.

Le maître d'armes feignit de rentrer chez le marchand de vin, mais, le visage collé à la vitre, il ne perdit pas de vue M. Surrey.

Il le vit d'abord descendre lentement la rue de la Tombe-Issoire, puis, dès qu'il se crut hors de la portée des regards du maître d'armes, doubler le pas et tourner à gauche comme pour aller à la barrière d'Enfer.

— Oh ! oh ! se disait-il, je vais faire gagner trois cent mille francs d'un seul coup à Lehmann, en lui apprenant cette nouvelle. Il faudrait qu'il fût bien *chien* pour ne pas me donner un petit *bénef*.

Leroux s'empressa de solder le marchand de vins et courut par une autre route à la barrière d'Eenfer. Il y arriva comme Surrey débouchait au coin de la gare de Sceaux.

Il appela un cocher endormi sur son siège.

— Vous voyez cet homme-là ? lui dit-il.

— Ce petit vieux qui a l'air d'un épicier ? fit le cocher.

— Oui. Eh bien ! examinez où il va, et suivez-le.

— Bon ! montez, mon bourgeois.

Leroux s'installa dans la voiture de place.

A travers les vitres, il aperçut le petit homme qui exécutait la même manœuvre que lui, c'est-à-dire qui s'adressait à un cocher et montait dans un fiacre.

La voiture de Surrey partit la première.

— Faut-il la devancer ? demanda le cocher de Leroux.

— Non, répondit le maître d'armes. Seulement ne la perdez pas de vue. Il y a cinq francs de pourboire.

— A pas peur, notre bourgeois.

— Prenez bien vos précautions, cocher, la nuit vient.

— Je *mettrons* mes yeux dans ma main, répondit l'automédon.

Le fouet claqua ; les roues crièrent ; le véhicule se mit en marche une trentaine de pas du premier.

— Enfin, se disait le maître d'armes, peut-être vais-je bientôt découvrir la main qui tient tous les fils de ces toiles d'araignées où les jeunes gens viennent se prendre comme des mouches imprévoyantes. Qui sait ? à la bande des Cartouche et des Mandrin, peut-être d'autres bandes mille fois plus dangereuses ont-elles succédé. Il faut que toutes les sociétés aient leurs insectes qui se repaissent à leurs dépens. Les plus terribles sont ceux qui sont insaisissables. Mais les révolutions ont mis une arme entre les mains de la justice. Que les criminels soient grands ou petits, riches ou pauvres, il faut qu'ils comparaissent à sa barre ! Nous verrons bien !...

Puis une autre pensée plus personnelle se mêlait à ces pensées générales. Le maître d'armes se souvenait.

— N'est-ce point, ajoutait-il en lui-même, la Providence qui m'a jeté sur le chemin de cet enfant afin de me mettre à même de réparer mes fautes passées. Oh ! je serai absous par ma conscience de toutes mes erreurs d'autrefois si je parviens à déjouer les complots qui se forment autour de sa richesse et de son honneur. Je pourrai relever la tête après vingt ans de pénitence, si cet enfant vient à moi en me disant merci.

Et une larme tombant de ses yeux, depuis si longtemps desséchés, vint rouler sur ses joues.

Honteux vis-à-vis de lui-même de ce tribut payé à la faiblesse de la nature humaine, il essuya ses yeux et mit sa tête à la portière.

La nuit était à peu près venue.

Déjà le gaz flamboyait devant la façade des boutiques, et brisait ses rayons sur la foule bariolée qui encombre en tout temps les trottoirs de la bonne cité de Lutèce.

— Voyez-vous encore ? cria le maître d'armes.

— Mieux que jamais, répondit superbement le cocher.

Les voitures venaient de traverser les ponts. Elles s'engagèrent dans la rue Croix-des-Petits-Champs, puis dans la rue Notre-Dame-des-Victoires; à l'angle de celle-ci, le cocher de Leroux arrêta ses chevaux.

— Nous y sommes, dit-il.

— Je ne me suis pas trompé, — murmura le maître d'armes, je prévoyais qu'il allait chez Lehmann.

V

La soirée de M. de Vadans.

Ce soir-là M. de Vadans recevait, en effet.

Une cloison en sapin, qui séparait la salle à manger d'une autre pièce, avait été supprimée pour donner plus de place aux invités; car, d'après l'avis de son conseil, composé naturellement du sieur Rouillard qui avait seul voix délibérative dans toutes les questions d'intérieur, le général s'était décidé à donner ce qu'on appelle, en style préfectoral, une soirée dansante.

Voici comment le programme avait été réglé :

— La danse ne peut pas composer uniquement les plaisirs de cette fête, dit le général; on se fatigue de cabrioler pendant des heures entières.

— Oui, mon général, répondit Rouillard.

— Tu es donc de mon avis ?

— Parbleu ! c'est bien sûr, mon général.

— Il faut trouver un autre divertissement.

— Oui, mon général.

— Oui, mon général !... Tu ne sais dire que cela, tonnerre ! Voyons, que diable ! puisque tu vas quelquefois en soirée pour compte, tu dois savoir de quoi il retourne; puis, tu as de l'imagination ; à preuve, ta manière de prendre les rats.

— Oh! s'il y en avait dans la salle de bal, vous verriez, mon général. Je remplacerais avantageusement z'un peloton de chats, fût-il commandé par le maréchal Bugeaud, que le bon Dieu lui fasse paix.

— Il n'est question ni de rats, ni de Bugeaud.

— Non, mon général. Il s'y agit d'un divertissement. Il y aura d'abord de la musique.

— Oui. Je prierai le colonel des cuirassiers de la garde de m'envoyer une dizaine de gagistes.

— Si vous voulez m'en croire, mon général, vous demanderez plutôt des musiciens de la ligne.

— Pourquoi cela ?

— Parce que dans la cavalerie, il n'y a ni tambour, ni grosse caisse, et ces deux *musiques* font bien mieux danser que les autres. Du reste, ça fait du bruit et ça ramassera les gens au milieu de la rue.

— Mais je ne tiens pas à ce que le monde s'amasse devant la porte.

— Oh! mon général, sauf votre respect, je crois que vous avez tort. C'est bien plus *chouette*, quand il y a du monde.

— Enfin, c'est peu important. Il faut toujours un orchestre, et nous n'avons pas trouvé autre chose que la danse.

— Et les rafraîchissements, mon général !

— Il y en aura.

— Alors, je ne vois plus rien.

— Comment ! sacrebleu ! Et ceux qui ne danseront pas ? crois-tu qu'il s'amuseront beaucoup à regarder les autres ou à faire tourner leurs pouces ?

— Ma fi ! je ne comprends pas qu'il y *eussent* des gens qui trouvent du plaisir à cela. Mais on ne peut pas faire l'impossible. Si vous voulez, mon général, je m'habillerai z'en *Paillasse*, et je leur raconterai des bêtises.

— Ça ne se fait pas dans les soirées; d'ailleurs, tu auras assez à faire d'un autre côté.

— Marguerite m'aidera. Mais il ne faut pas qu'elle paraisse. Vous me permettez de lui donner des ordres en conséquence.

— Oui; et pourquoi ?

— Figurez-vous, nom de nom ! mon général, que je lui fais ce matin l'observation que sa toilette était trop déguenillée pour qu'elle *ôsasse* se présenter dans ce beau monde du bal; savez-vous, mon général, ce qu'elle m'a répondu?

— Non.

— Elle m'a traité de *muffe*, de gros melon. Je riposte; je l'appelle espèce d'andouille, elle me dit vieille bête; je lui dis torchon, elle me dit Autrichien. Sur ce, la patience m'échappe, et si je ne m'étais pas souvenu à temps que, quoique laide, elle fait partie du beau *sesque*, je lui *eus* planté, sauf votre respect, le bout de ma botte... entre... les épaules.

— Tu as bien fait de ne pas le lui planter. Mais je ne veux pas non plus qu'elle se montre. Que l'on se moque de moi pour bien des choses, ça m'est égal; mais Marguerite donne trop de prise au ridicule.

— Oui, mon général! aussi je lui *interposerai* ce que vous venez de me dire. Et si elle renifle subséquemment, je me charge de la *moucher*.

— Récapitulons : la danse, les rafraîchissements...

— Des entremets de musique, ensuite...

— Tu veux dire des intermèdes ?

— Oui, mon général. Mais ça ne fait rien.

— Ensuite? Plus rien. A moins qu'on ne place une table de jeu.

— Voilà une bonne idée, mon général ! Mais je l'avais déjà dans la tête. J'ai gagné une fois vingt francs chez le sergent Mistouflet, le gardien des Tuileries. Oui, j'avais cette idée-là, positivement !

— C'est donc arrangé!...

— *Baclé*, mon général.

L'action avait suivi de près la détermination. Rouillard s'était multiplié. Remplaçant menuisiers, tapissiers, etc., il avait abattu lui-même la cloison, cloué les draperies, suspendu les lustres, placé les tables, arrangé les caisses de fleurs, établi un amphithéâtre pour l'orchestre.

Le général qui surveillait ne pouvait se lasser d'admirer l'ex-caporal qui, pareil à Samson, déplaçait les portes avec une extrême facilité, enlevait les armoires, et parvenait, en quelques heures, à transformer les appartements du haut en bas.

A six heures et demie, tout était prêt. Les musiciens

étaient déjà arrivés; mais, contrairement à l'avis de Rouillard, il n'y avait ni grosse caisse, ni tambour.

Vers huit heures, tous les invités se trouvèrent à peu près réunis.

On ne voyait guère que des officiers supérieurs, en grand uniforme, et accompagnés de leurs femmes, en toilettes tapageusement décolletées.

Cécile chargée des fonctions de maîtresse de maison pour la première fois, les remplissait avec ce tact inné qui est une des qualités les plus précieuses de la femme du monde. Sa timidité naturelle semblait de la modestie; puis elle était si belle, que ses gaucheries mêmes devenaient adorables.

Elle portait un costume extrêmement simple, une robe blanche à petits volants dont la circonférence indiquait la présence d'une crinoline réduite aux proportions de l'élégance naturelle, et dont le corsage, peu montant, laissait voir une poitrine de cygne. Ses bras étaient nus. Un bracelet de velours noir entourant le poignet faisait ressortir l'éclatante blancheur de la peau. Sa coiffure se composait uniquement de son épaisse chevelure, tordue en diadème et ornée d'une demi-couronne de lilas blanc.

Lorsque Champcarré et le vicomte entrèrent, elle alla au-devant d'eux sans manifester la moindre émotion, et se laissa inviter pour la première et la seconde contredanse, pour la première et la seconde walse, pour la première et la seconde polka.

— J'avais déjà promis à ces messieurs, dit-elle en se retournant vers un cercle d'officiers qui papillonnaient autour d'elle.

Chacun d'eux s'empressa de retenir à son tour la fille du général qui promit à tout le monde, au risque de prendre des engagements inexécutables en une seule nuit.

Rouillard, en habit noir et exerçant les fonctions d'huissier, se tenait dans l'entre-bâillement d'une petite porte communiquant de la salle de bal à celle des rafraîchissements.

Il crut le moment venu. Il toussa de manière à attirer l'attention du chef d'orchestre, et, faisant avec sa main le geste de battre la mesure, il donna le signal.

Les pistons éclatèrent, les saxornes grondèrent, les flûtes gémirent, le trombonne grogna, le fifre siffla, l'ophicléide beugla et sur toute cette symphonie turbulente, cuivrée, sonore, grave et stridente, la clarinette promena ses nasillements de chantre en goguette.

On eut dit un orchestre de barrière; et ce n'en était que plus *dansant*, à notre avis du moins, car nous professons pour le piano un dédain que justifie l'abus toujours croissant de cet instrument de torture.

Les quadrilles offraient l'aspect le plus singulièrement lumineux. L'étincellement des uniformes, tournoyant au feu du lustre avec leurs vives couleurs entrecoupées çà et là par les tons sombres des habits noirs des *civils*, l'éclat des fleurs entrelacées dans la chevelure des femmes, les rayonnements de la lumière sur les robes, que cette lumière moirait et faisait chatoyer, donnaient une idée assez exacte d'une fantaisie pédestre exécutée par une troupe de scheiks aux vêtements d'or, et de filles des tribus arabes qui se seraient enveloppées du burnous aux larges plis soulevés par le vent.

Le général, qui ne dansait point, était dans une jubilation à nulle autre pareille.

Il crut devoir verser l'expression de son contentement dans le cœur du fidèle Rouillard.

Il entra donc dans la salle des rafraîchissements où l'ex-caporal, sous un costume d'apparat gênait dans les entournures, s'était mis en bras de chemise et alignait les verres à champagne d'après les principes de l'école régimentaire.

La présence du général vint mettre un terme à une légère discussion qui s'était élevée entre Rouillard et Marguerite.

Marguerite prétendait que les verres devaient être retournés; et Rouillard prétendait le contraire.

— Quand la coupe est en l'air, la poussière entre dedans, disait la cuisinière.

— Vous n'y connaissez rien, disait Rouillard, on ne retourne les verres que dans les gargottes pour que les araignées du plafond ne tombent pas dedans. Ici je vous observe qu'il n'y a pas d'araignées. *Consécutivement*, obtempérez à ma réquisition.

A la vue du général, Marguerite n'osa plus contredire le favori. Elle se tint immobile et muette dans un angle de la chambre.

— Eh bien! qu'en dis-tu Rouillard? fit le vieillard.

— Je dis que c'est superbe, mon général.

— Hein! c'est une excellente idée que nous avons eue. Cécile à l'air de s'amuser beaucoup, et je n'ai jamais vu coup d'œil plus imposant, même aux bals de l'Hôtel-de-Ville.

— Vous avez raison, mon général! C'est du propre, l'Hôtel-de-Ville! on ne peut pas s'y remuer. Les gens qui ont des cors aux pieds n'y sont jamais. La dernière fois que j'y *suis été* z'avec vous, ça ma bien *embêté*, sauf votre respect.

— Vois-tu, comme le lustre fait un bel effet?

— Oh! un effet *z'épatant*.

Marguerite s'avança sournoisement pour jeter un coup d'œil dans le bal.

— On va vous voir, la vieille, fit gravement l'ex-caporal.

— Eh ben après? murmura la cuisinière.

— Oui! ça ferait z'une belle affaire. Un beau trognon de radis à jeter au milieu d'un bouquet.

— Allons, allons! Rouillard, laisse-la regarder, fit le général.

— Je lui permets, à cause de vous, mon général; mais faut pas qu'elle se montre.

— Attrape ça! grommela Marguerite, en faisant un geste goguenard à l'ex-caporal.

— N'approchez pas si près, la vieille. On va voir le bout de votre horrible nez, fit Rouillard.

Et se retournant vers M. de Vadans:

Il y a quatre ou cinq vieux qui jouent dans l'autre chambre, dit-il. Nous avons bien fait de mettre une table.

— C'est évident. Remarques-tu combien Cécile est jolie?

— Je crois bien. C'est votre portrait tout craché, mon général.

— Peste! Alors tu ne la flattes pas, mon ami.

— Oh! mon général, à son âge vous étiez un très-bel homme. Je ne vous ai pas vu; mais vous avez des *restes* qui sont bien conservés.

Le général passa sa main droite sur son visage tanné et ridé, et fit faire un croc à ses moustaches blanches.

— Tu crois donc, dit-il d'un ton qui annonçait sa satisfaction intérieure, que je suis encore présentable?

— Parbleu! à votre place, moi, mon général, je voudrais pincer un rigodon avec cette superbe dame qui se repose là-bas.

Le général suivit de l'œil le doigt de Rouillard et regarda dans la direction qu'il indiqua.

— C'est la femme du lieutenant-colonel des cuirassiers dit-il.

— Nom de nom! fit Rouillard, elle aurait z'été bonne pour être tambour-major: elle a au moins trois pouces de plus que son mari!

Comme on a dû le voir, le digne caporal faisait exclusivement consister la beauté de la femme dans le plus grand développement, soit en hauteur, soit en largeur de ses proportions physiques.

Son opinion variait à cet égard seulement pour Cécile. Encore supposait-il qu'avec l'âge elle grandirait et grossirait.

Le général, convaincu par les affirmations de Rouillard, alla donc engager la dite dame pour la première contredanse. Celle-ci accepta, non sans empressement.

Pendant cette scène, Raphaël valsait avec Cécile.

Le vicomte s'était rendu compte immédiatement du parti qu'il pouvait tirer de la nouvelle connaissance que Champcarré lui avait ménagée.

— Si je pouvais me faire aimer, s'était-il dit, de cette jeune fille dont le cœur n'a point encore battu, cela deviendrait le salut pour moi. M. de Vadans donnerait à Cécile une bonne dot. — Grâce aux grandes relations du général, son gendre serait bientôt pourvu d'une sinécure lucrative qui lui permettrait de faire encore quelque figure dans le monde. Puis, s'il fallait un peu travailler, je le ferais. — Voilà vingt-cinq ans que je me repose d'être né; et il n'y a rien de tel que les paresseux quand ils se mettent à la besogne. Bah! coupons l'herbe sous les pieds de Champcarré, si nous le pouvons. — Ce sera ma dernière bassesse, ensuite j'entrerai dans la vie réelle, sérieuse, grave; et bonjour aux folies et aux erreurs de la jeunesse!

San Colombano faisait un raisonnement d'égoïste, mais que l'on s'adresse malheureusement trop souvent dans le siècle où nous sommes.

Peu lui importait de ne pas aimer Cécile! Ce mariage, pour lui, n'était qu'une spéculation qu'il croyait bonne. Le reste lui semblait indifférent.

Il s'était donc mis sous les armes pour cette soirée.

Ses cheveux soyeux partagés sur le haut du front par une raie d'une régularité toute artistique brillaient comme l'aile d'un corbeau, son costume sortait des ateliers du tailleur à la mode et faisait ressortir, comme on disait du temps de M. Salvandy, (il y a cinq mille ans!), les grâces et les avantages de sa personne.

Il résolut de ne pas laisser perdre le temps de la valse.

Pendant qu'on se mettait en place, il alla prendre la jeune fille que son cousin venait de quitter et il fit avec elle le tour du salon tandis que Champcarré, qui aimait passionnément la valse, engageait une autre danseuse.

— Vous n'êtes point fatiguée, mademoiselle? lui demanda-t-il.

— Oh! monsieur... pas encore. Je commence. Puis c'est une sorte de leçon que je reçois de toutes ces gracieuses et charmantes femmes qui ont bien voulu répondre à notre invitation.

— Une leçon, mademoiselle! mais vous dansez à ravir. Je ne devrais pas même me servir du mot danser, car vous semblez, comme la Camille de Virgile, ne pas toucher le sol du bout de votre pied d'enfant. Vous êtes toute énergie et toute grâce.

— Oh! monsieur, cette flatterie est trop exagérée pour que je la croie sincère.... — murmura la jeune fille en riant.

— Je ne suis pas sincère, c'est vrai, mademoiselle; car j'aurais dû vous dire que non-seulement vous dansez mieux que toutes ces dames; mais encore qu'avec votre simple parure vous les éclipsez toutes en distinction et en beauté.

Cécile baissa les yeux et ne répondit que par un léger haussement d'épaules.

— Qui donc pourrait ici se poser comme votre rivale, mademoiselle? continua-t-il; certes ce n'est point cette magnifique et forte personne là-bas, qui a des allures de cent-garde déguisé en femme.

Et il désignait de l'œil la danseuse géante qui faisait à un si haut point l'admiration de Rouillard.

Cécile regarda machinalement et ne put s'empêcher de sourire.

— Ce n'est pas non plus cette dame qui danse avec un capitaine des guides; on dirait une épée dans un gaine de mousseline... ni celle qui va danser avec Champcarré tout à l'heure.

— C'est une jolie brune, répliqua Cécile.

— Je dis oui, mademoiselle, pour être de votre avis. Mais je suis persuadé qu'elle paraîtrait belle surtout au Monomotapa dans un quadrille de Cafres.

La jeune fille mit son éventail devant son visage pour comprimer son irrésistible hilarité.

— Résignez-vous donc, — continua le vicomte d'une voix basse et qu'il s'efforçait de rendre sympathique, — résignez-vous donc, mademoiselle, à regarder le diadème de vos cheveux comme celui de votre royauté. Après tout, être reine comme vous l'êtes, n'implique pas une grande somme de charges et de travaux. Vous n'avez qu'à recevoir les muettes pétitions qui n'arrivent à vous qu'en soupirs étouffés. Si vous répondez par un sourire, le plus exigeant se trouve heureux. Belle et charmante royauté que celle-là!...

Cécile baissait la tête de plus en plus. Une rougeur brûlante montait à son front.

— Oh! continua San Colombano, qu'il sera heureux, celui qui pourra la partager un jour avec vous cette royauté; celui à qui vous aurez donné votre cœur d'ange et de reine! Je voudrais être cet homme et mourir le lendemain.

Ce langage passionné avait ému la jeune fille outre mesure. Elle sentait que son trouble allait être remarqué; aussi bénit-elle du fond du cœur le chef d'orchestre qui venait de jouer les premières mesures du prélude de la valse.

San Colombano souriait et s'applaudissait en lui-même, comme le serpent diabolique lorsqu'il eut remarqué dans le Paradis terrestre l'attention trop bienveillante que notre mère Ève accordait à ses paroles.

Quand la valse fut finie, Cécile en regagnant sa place laissa tomber involontairement son mouchoir.

Le vicomte le ramassa, et, sans que personne s'en aperçut, il l'appuya contre ses lèvres. — Nous disons personne, excepté cependant Cécile, qui étendit la main pour ressaisir ce mouchoir et qui devint rouge comme une grenade en fleurs.

— Merci! monsieur le vicomte murmura-t-elle d'une voix à peine distincte.

Le reste de la soirée se passa sans incident.

Mentionnons toutefois qu'après sa contre-danse, le général se sentit ravi de s'en être si bien tiré.

Il revint à Rouillard pour connaître l'opinion de l'ex-caporal.

Celui-ci ne lui laissa pas le temps de lui adresser une question.

— Oh! mon général!... s'écria-t-il, au risque d'être entendu par quelques-uns des invités, — vous êtes le roi du bal! Jamais je n'aurais cru que vous dansiez comme cela. Hein! je ne sais pas comment les autres trouvent le bouillon!...

Ce suffrage enchanta M. de Vadans, qui fit une pirouette toute juvénile en se disant:

— Je rajeunis!...

VI

L'oncle et le neveu.

Champcarré avait remarqué les œillades que durant le

reste de la soirée San Colombano décochait à chaque seconde à l'adresse de Cécile.

En quittant le bal, vers cinq heures du matin, il crut devoir sonder à cet égard son perfide ami.

— Comment as-tu trouvé la fille de M. de Vadans? lui demanda-t-il.

Cette interrogation à brûle-pourpoint mit le vicomte sur ses gardes.

— Très-bien, mon cher, très-bien, répondit-il. Elle était vêtue avec beaucoup de simplicité et de goût. C'était la *mieux* du bal, comme disent les héros de Paul de Kock.

— Je suis de ton avis. Elle attirait tous les regards; je me suis même aperçu qu'elle attirait les tiens, ceux de l'homme blasé par excellence, ce qui n'est pas pour elle un petit honneur.

— Blasé! moi. Tu me connais mal. Je suis passionnément épris de toutes les beautés, et Cécile est une beauté réelle, incontestable.

— Ah!

— Que ceci cependant ne te rende pas jaloux. Je n'aime pas Cécile.

— Alors comment et pourquoi te passionnes-tu?

— Je me passionne comme l'artiste pour une belle statue. Mais je n'ai rien de commun avec Pygmalion. J'ai été tant de fois trompé par de séduisants dehors, que je ne cherche plus à animer les marbres. — Je préfère les sculptures et les peintures à la réalité, car l'art ne ment point! — Dans la tête d'une madone de Raphaël je sais qu'il n'existe ni pensée étrangère à celle qui se reflète sur le visage, ni case pour recevoir d'autres impressions que celles que le peintre interpréta sur sa toile.

— Ceci, je le répète, est le fait d'un homme blasé.

— Je le nie. D'abord il n'y a pas d'homme véritablement et entièrement blasé... — Ceux qui se donnent ce titre sont des idiots qui n'ont obtenu tout au plus les faveurs de quelques figurantes ou de quelques pécheresses de Mabille ou de Valentino!... Si l'on pouvait être blasé, on n'éprouverait aucun sentiment pour la statue pas plus que pour la femme. On aurait un profond dédain de tout, et l'on se brûlerait immédiatement la cervelle.

— Je dois donc te considérer simplement comme un homme prudent.

— C'est le mot. — L'expérience m'a appris à me défier; je me défie. Quand je sens que mon cœur est sur le point de battre, je le prends à deux mains et je lui dis ; *tais-toi* ! — Avec de la volonté, on parvient toujours à faire de ce viscère à peu près ce que l'on veut.

— Tu es bien heureux d'avoir cette force-là, Raphaël.

— Est-ce qu'elle te manquerait?

— Absolument.

— Alors, c'est que tu manques d'énergie. — Suppose que tu éprouves pour une femme quelconque... Cécile, par exemple, un amour violent.

— La supposition est inadmissible. Je trouve Cécile charmante et bonne.., J'ai pour elle une affection sincère; mais je ne l'aime pas... comme j'ai aimé la Borghetta, par exemple.

— Allons, tu ne veux pas m'écouter. Que diable! on peut toujours formuler des hypothèses : supposons donc que tu aimes Cécile et que Cécile ne t'aime pas, que ferais-tu?

— Ma foi! je n'en sais rien. Je chercherais à l'oublier.

— Et si tu n'en venais point à bout?

— Diable! je me révolterais. Voilà mon caractère. Je ne suis nullement fort, mais j'ai toujours cru qu'un amour pur et dévoué méritait quelque retour; et dans ce cas je présume que mon amour se changerait en haine.

Champcarré prononça ces paroles avec tant d'apparente conviction, que Raphaël tressaillit.

— Voilà, répliqua-t-il, un côté de ton caractère que tu ne m'avais pas encore découvert, mon bon ami.

— Il me semble cependant que ce que je viens de te dire est bien naturel. Le meilleur vin s'aigrit quand on le remue. Mais foin de tout cela. Malgré l'époque assez prochaine de mon mariage, ce n'est pas l'amour qui me préoccupe en ce moment :

— Bah! qu'est-ce donc?

— J'ai bien d'autres soucis en tête. Je dois trois cent soixante mille francs et plus, la date de l'échéance approche, et je ne sais comment faire pour les trouver.

— C'est une somme! mais aussitôt marié tu toucheras une dot.

— Il me répugne d'inscrire ce chiffre à mon passif conjugal. Je voudrais pouvoir payer.

— Il faut spéculer, alors.

— Comment et avec quoi?

— Avec ton nom, pardieu. Crois-tu que Triel, le grand capitaliste, te refuserait pour quatre cent mille francs d'actions de ses soufrières de l'Hymalaya ou de ses mines de mercure du Sénégal?

— Qu'est-ce que je ferais de ces actions?

— Tu les vendrais au bout de quelque temps avec un bénéfice énorme, car la hausse promet de ne pas s'arrêter.

— Combien reste-t-il encore d'actions?

— Je ne sais. Mais si tu en prenais quinze cents à cinq cents francs, Triel te les vendrait au pair; et elles sont déjà à six cent cinquante. Tu aurais immédiatement sur ces quinze cents actions un bénéfice de deux cent cinquante mille francs.

— Alors, je ne vois guère pourquoi tu n'en prends pas toi-même.

— J'ai pris tout ce que j'ai pu, ma fortune entière est là maintenant. Mais comme Triel ne s'aventure pas pour des sommes aussi fortes et qu'il sait que je n'ai aucune propriété foncière, il ne veut plus me donner d'actions. Si tu voulais répondre pour moi, je me chargerais de te gagner en quatre ou cinq jours la somme dont tu as besoin.

— Je n'ai aucune raison pour ne pas agir en mon nom. Mais il me faudrait à moi-même une caution!

— Je ne crois pas. En signant un acte par lequel tu reconnais souscrire pour quinze cents actions, tu te lies suffisamment vis-à-vis de la Compagnie.

— Je ne veux pas m'engager dans une spéculation aussi forte, avant de m'être assuré qu'elle offre des chances de réussite.

— C'est facile à constater.

— De quelle façon?

— Il me reste en portefeuille cinquante actions. Je te les cède à condition que tu m'en rendras cinquante des tiennes lorsque tu te seras assuré de leur valeur.

— Je n'ai qu'à les vendre?

— Oui!

— Est-ce coté à la Bourse?

— Certainement. Mais, si tu veux, tu n'as qu'à te présenter chez Lehmann avec tes actions, il te les paiera argent comptant.

— Encore ce juif! mais il fait donc tous les commerces?

— Dans ce cas, il n'est que secrétaire du conseil d'administration de la compagnie Triel.

— Mais enfin, m'expliqueras-tu que c'est que ce personnage dont j'entends continuellement parler et que personne ne connaît?

— Je ne le connais pas plus que toi. Seulement, je sais

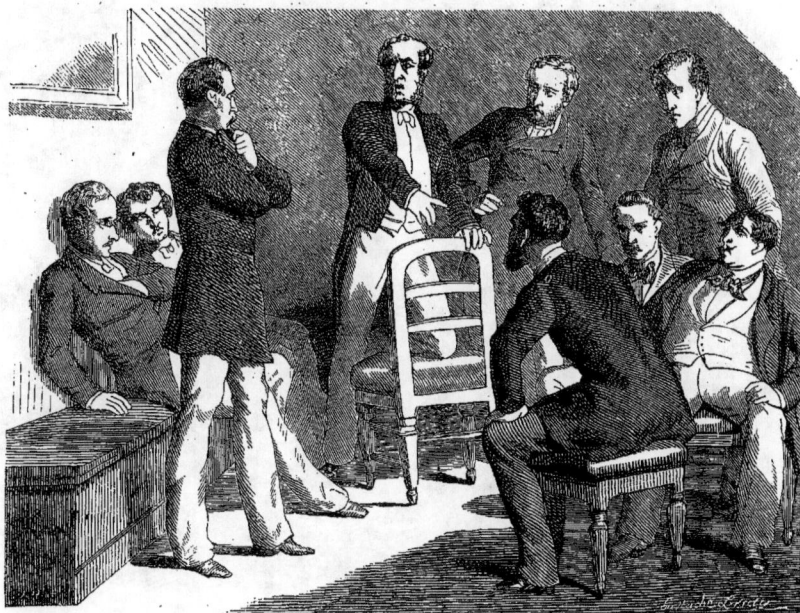

qu'il réside maintenant à New-York où il est à la tête d'une banque formidable, supérieure à celle des frères Rotschild et à toutes les banques du monde.

— Et qui est-ce qui le représente à Paris ?

— Le ministre plénipotentiaire des Etats-Unis. Ce fonctionnaire a délégué ses pouvoirs à Lehmann.

— C'est bien ! tu me donneras tes actions et nous verrons.

La voiture qui emportait les deux amis roulait avec rapidité au milieu des rues où le travail et le bruit commençaient à circuler. Elle arriva bientôt rue de Grammont.

Sur le seuil de la porte cochère se tenait un homme enveloppé dans un manteau et que Champcarré et Raphaël prirent d'abord pour un sergent de ville en faction.

Mais en s'approchant, le vicomte et Mathieu reconnurent le maître d'armes.

— Que diable faites-vous là ? demanda le vicomte en descendant du véhicule.

— J'attends mon élève, répondit gravement Leroux.

— A cette heure ?

— Et, pourquoi pas ? répliqua le maître d'armes.

Champcarré comprit que le compère Leroux avait fait quelque découverte. Il feignit de lui avoir donné rendez-vous et lui demanda :

— Je vous ai fait attendre, n'est-ce pas ?

— C'est vrai. Mais je savais que vous reviendriez. Vos chevaux ne sont pas fatigués ?

— Non ! nous pouvons partir à l'instant.

San Colombano regardait cette scène sans rien y comprendre.

— Et tu ne m'as rien dit de cela ! murmura-t-il. Je ne t'aurais pas retenu si longtemps au bal.

— Oh ! mon cher. Je sais l'intérêt que tu me portes. Aussi j'ai craint que tu ne laissasses échapper un mot.

— Il s'agit donc d'un duel ?

Champcarré échangea un coup-d'œil avec le maître d'armes.

Celui-ci s'approcha du vicomte :

— En effet, dit-il, il s'agit d'un duel. Mais veuillez être discret, vous savez les peines qu'encourent les duellistes. Si Champcarré ne vous a point parlé de ceci, c'est moi seul qui en suis cause.

— Ah ! Et à quelle heure ? En quel lieu ?

— A sept heures. Derrière la fabrique de noir animal de Montrouge.

— L'adversaire ?

Leroux se pencha à l'oreille de San Colombano et lui dit le nom qu'il avait confié à Surrey.

Le vicomte tressaillit.

— Veille sur toi, mon cher ! dit-il à Champcarré.

— Si vous voulez nous accompagner, vicomte ? fit le maître d'armes.

— Moi ! s'écria Raphaël. — Oh ! s'il s'agissait de me battre pour ce cher Mathieu, j'irais bien volontiers ; mais assister comme simple spectateur, jamais !

Et il tendit la main à Champcarré, que cette marque d'affection avait ému.

— Puisque tu ne veux pas venir, dit-il, fais-moi une promesse ?

— Laquelle ?

— Celle de t'installer chez moi jusqu'à mon retour.

— Je te le promets.

— Si l'on me demande, tu diras que je suis au lit et qu'on ne peut me voir. Tu pourras même ajouter que je suis gravement indisposé.

— C'est entendu.

Les deux jeunes gens se serrèrent encore une fois la main et Champcarré remonta dans la voiture avec le maître d'armes.

Celui-ci passa sa tête par la portière et après avoir con-

staté que le vicomte était rentré dans l'hôtel, il s'adressa au cocher de Mathieu :

— Rue Neuve-Saint-Augustin, dit-il, chez moi.

— Ah çà ! fit le jeune homme, dès que le véhicule eût recommencé à rouler, voulez-vous m'expliquer la mystification que nous venons de faire subir à ce pauvre vicomte qui paraît si penaud ?

La figure du maître d'armes était devenue très-sérieuse.

— Écoutez-moi, murmura-t-il. Il est temps que je vous révèle une chose que vous ignorez. En vous disant, hier, je crois, que je vous portais un intérêt profond, je ne vous ai point trompé. Ce n'est pas seulement de l'intérêt, c'est une affection sans bornes; et j'ai le droit d'avoir cette affection pour vous.

Le jeune homme regardait le maître d'armes avec étonnement. Tout à coup, une idée traversa son cerveau :

— Oh ! dit-il !... serait-ce possible !...

— Tout est possible dans ce monde.

— Quoi ! vous seriez...

— Ton oncle, oui, mon ami.

— Oh ! pourquoi ne me l'avez-vous pas dit plus tôt ?

Et Champcarré se jeta au cou du maître d'armes en pleurant de joie.

— Oui, répéta-t-il, pourquoi ne me l'avez-vous pas dit plus tôt ?

Le professeur d'escrime était au moins aussi ému que son neveu, mais il avait plus d'empire sur lui-même. Il se détourna pour cacher une larme qui s'obstinait à s'échapper de ses yeux, puis reprenant sa physionomie sérieuse :

— Je ne savais, mon ami, quel accueil tu me ferais. — J'avais mal jugé ton père et toi. Autrefois je ne me suis pas conduit vis-à-vis de lui comme j'aurais dû le faire. Je pensais qu'il m'avait conservé une juste rancune et qu'il l'avait transmise à son fils... — je m'étais trompé.... — J'ai reçu hier une lettre de mon frère à qui j'avais écrit. Il m'an-

nonce que jamais la moindre parole n'a été dite devant toi qui pût t'enlever l'affection naturelle du neveu pour l'oncle. Voilà pourquoi je n'ai pas cru devoir te cacher mon nom plus longtemps.

— Oh ! je vous aimais déjà sans vous connaître. Maintenant je vous aime encore davantage. Voulez-vous que je vous embrasse, mon oncle ?

A cet élan de sensibilité qui dénotait un cœur d'ange et d'enfant, le vieux Jacques ne put cette fois retenir ses larmes.

— Allons ! — murmura-t-il avec une indicible joie, — voilà une vieillesse consolée !... Mais ne perdons pas de temps... mon ami, si je t'ai appris qui j'étais, c'est que je veux que tu aies pleine confiance en moi.

— Parlez, mon oncle ! parlez !

— Te rappelles-tu ce que je t'ai dit hier ?

— A quel propos ?

— Je te parlais des pièges que l'on tendait à ta fortune, des gouffres que de faux amis creusaient sous tes pas...

— Oui, je me le rappelle, mon oncle.

— Eh bien ! aujourd'hui, je suis arrivé presque à une certitude.

— Ce Surrey, sans doute ?...

— Je l'ai suivi toute la soirée, et je l'ai accosté à Montrouge. C'est pour lui que j'ai imaginé l'histoire de ce duel. Pensant que, s'il te savait en danger de mort, ses billets lui paraîtraient compromis, je lui ai donné à entendre que ton adversaire était de première force à l'épée, et que tu avais choisi cette arme...

— Et quelle contenance avait-il en vous écoutant ?...

— Il ne parut pas trop troublé. Je conclus de là qu'il avait déjà escompté ses billets.

— On, comme le suppose la Borghetta, qu'il a joué pour le compte d'un autre.

— Cette idée ne m'est, sacrebleu, pas venue, et je crois

2

que c'est la bonne! si ce coquin avait eu tant d'argent il n'aurait pas mangé, dans un ignoble bouge, une maigre portion de bœuf arrosée d'une demi-bouteille d'un affreux vin coloré avec du bois de Brésil.

— Je pense que vous avez raison.

— Fort étonné de tout cela, je ne perdis pas mon homme de vue. Je courus à la barrière d'Enfer où il se rendait; je pris un fiacre; il en prit un; je le suivis; et sais-tu où il descendit?

— Je ne devine pas.

— Chez Lehmann!...

— Chez Lehmann! mais il est donc le complice ou le banquier de ce Surrey! mais c'est donc pour le compte de ce Lehmann que ce Surrey joue! Et ce juif qui me disait ne pas le connaître. Oh! je vois clair dans ce tissu d'infamies. Je m'explique pourquoi Lehmann perdait en souriant. Oh! le gredin!! — Il savait bien qu'il ne perdait pas.

— Précisément, mon neveu, c'était contre toi que ces gens-là se liguaient; c'était pour te perdre qu'ils t'ont attiré dans ce tripot d'enfer!

— Oui! c'est aussi clair maintenant que le jour. Mais je me vengerai! soyez tranquille... Je démasquerai tous ces fripons. Si des crimes de cette nature échappent à l'action de la loi, je ferai en sorte qu'ils tombent tôt ou tard sous son application terrible.

Puis, après un instant de silence, il reprit :

— San Colombano a été dupé comme moi...

— Qui sait! fit mystérieusement le maître d'armes.

— Comment, mon oncle! vous penseriez que le vicomte se serait entendu lui-même avec ces deux escrocs?

— Je n'ai pas l'habitude de faire planer des soupçons sur la tête de personne avant de m'être assuré que ces soupçons ont quelque fondement.

— Et vous croyez...

— Je ne suis encore sûr de rien. Cependant j'ai des présomptions. Ce pauvre Brugnières m'avait déjà fait à l'égard du vicomte quelques confidences assez singulières; mais j'attribuais la mauvaise opinion du chevalier pour San Colombano à quelques mesquines rivalités de femmes. Aujourd'hui, je reviens un peu de cette erreur.

— Sur quoi se basent ces présomptions?

— As-tu remarqué que tout à l'heure le vicomte a refusé de nous accompagner?

— Oui.

— Eh bien! je prévoyais qu'il refuserait. Autrement, comment aurais-je pu lui expliquer le mensonge que je lui faisais? Et de quelle façon aurait-il pris la plaisanterie de ce duel?

— C'est vrai.

— S'il a refusé, c'est qu'il a eu des raisons pour cela...

— Évidemment.

— Sauf rectification, je pense que ces raisons sont de la même nature que celles de ce fripon de Surrey.

— Oh!

— Nous allons nous en assurer. Tu lui as dit de rester chez toi. Je parierais qu'il n'y est plus en ce moment.

Le jeune homme était subjugué par l'accent convaincu du maître d'armes. Il voulut cependant tenter l'épreuve.

— Si nous allions nous en assurer? dit-il.

— Mauvais système, mon cher neveu. Il vaut mieux venir avec moi.

La voiture se trouvait alors devant la maison de Leroux, une fenêtre du premier étage était ouverte, et dans l'encadrement de cette fenêtre on voyait la tête du monstrueux épicier qui s'apprêtait à descendre pour prendre sa faction ordinaire.

L'oncle et le neveu mirent pied à terre.

— Maintenant, dit le maître d'armes, nous allons voir!

Ils sortirent de la rue Neuve-Saint-Augustin, descendirent dans la rue Neuve-des-Petits-Champs et remontèrent la rue de la Banque jusqu'en vue de la Bourse.

Dans la rue de la Banque des ouvriers démolissaient une maison.

— Plaçons-nous ici, fit le maître d'armes en désignant un amas de décombres. Personne ne pourra passer sur la place de la Bourse sans que nous ne nous en apercevions.

Le jeune homme, précédé par son oncle, enjamba un amas de moëllons et vint se cacher derrière une énorme poutre, dont le faîte soutenait un échafaudage chargé de pierres.

Les paroles de Leroux avaient ébranlé la confiance qu'il avait en son ami. Néanmoins, il espérait toujours que son oncle s'était trompé. Il attendait donc avec une anxiété profonde que l'effet se produisît dans un sens ou dans un autre.

Hélas! les prévisions du professeur d'escrime n'étaient que trop fondées. A peine les deux hommes venaient-ils de s'accommoder le mieux possible dans leur embuscade, que San Colombano passa tout essoufflé à quelques pas d'eux, et alla frapper à la porte de Lehmann.

Une rougeur brûlante envahit les joues de Champcarré. Il fit un mouvement pour s'élancer à la poursuite du vicomte, mais le maître d'armes le retint par le bras.

— Pas d'esclandre, dit-il; tout serait perdu.

Champcarré était hors de lui-même.

— Oh! le misérable! dit-il; abuser ainsi de ma naïveté de vingt ans; il apprendra bientôt que l'on ne se joue point impunément de moi.

Et il secoua la poutre avec une telle violence que l'échafaudage faillit s'écrouler.

VII

Double comédie.

Surrey avait été immédiatement introduit chez Lehmann qui se disposait à se mettre au lit, après une journée passée en plaisirs, dans le petit appartement de mademoiselle Moustache.

L'arrivée du *seul et unique* Triel eut le privilège de le mettre de fort mauvaise humeur.

— Qu'est-ce que vous voulez encore? lui dit-il d'un ton brusque.

Surrey s'inclina respectueusement.

— Monsieur, répondit-il, il s'agit d'une affaire extraordinairement grave!

— Quelque martingale avortée, sans doute. Belle heure pour venir déranger un honnête homme qui ne demande qu'à dormir.

— Si monsieur le juge convenable, je vais sortir et le laisser libre de dormir pour trois cent mille francs.

— Qu'est-ce que vous chantez-là avec vos trois cent mille francs? Voyons! hâtez-vous!...

— Eh bien! monsieur, fit le mathématicien en parodiant le mot de Lahire, je vous dis qu'on ne peut pas perdre trois cent mille francs avec plus... de mauvaise humeur.

— Expliquez-vous. Qui va perdre cette somme?

— Vous.

Lehmann dressa les oreilles.

— Moi? dit-il.

— Oui, vous, monsieur!

— Et comment donc, Dieu d'Israël?

— Vous avez les billets de M. de Champcarré?

— Oui! Est-ce que cet ingrat se serait ruiné sans moi?

— Pas précisément; mais c'est la même chose. Demain matin, à sept heures, il se bat en duel avec un homme quatre fois plus fort que lui.

Lehmann bondit de son siége.

— Mais ce serait affreux, s'écria-t-il! Il faut à tout prix empêcher ce duel. Savez-vous où il aura lieu?

— A Montrouge, derrière la fabrique de noir animal.

— Est-ce bien vrai? bon Dieu! De qui tenez-vous ce renseignement?

— De M. Leroux lui-même.

— Le maître d'armes?

— Oui.

— Alors, ce n'est malheureusement que trop certain!!... Mais cordieu! comment faire? Où est mon valet de chambre? Il faut que je me rhabille.

Le juif se promenait dans sa chambre à coucher avec une agitation fébrile. Ses bras étendus décrivaient toutes les évolutions des télégraphes aériens.

Surrey interrompit ces exercices en balbutiant:

— Il serait facile d'empêcher ce duel.

— Bourreau, dites-moi vite comment. Vous voyez bien que vous me brûlez à petit feu.

— Vous n'auriez qu'à prévenir le préfet de police.

— C'est une idée! J'ai mes entrées chez lui; j'y vais.

— Je désirerais autant que possible n'être pas mis en jeu.

— Est-ce que l'on s'occupe de vous, monsieur Triel? Est-ce que l'on sait seulement si vous existez?

— Je suppose, monsieur, que vous vous rappellerez ce que je viens de faire... Un tel renseignement, je crois, vaut quelque chose.

— Ame vénale! fit majestueusement le juif. Vous viendrez ces jours-ci, je vous paierai... Maintenant, vous pouvez sortir.

Le faux Surrey exécuta vers la porte un mouvement de retraite:

— Il serait convenable, monsieur, dit-il en franchissant le seuil, de ne pas livrer au préfet de police le nom des adversaires; cela pourrait compromettre plusieurs personnes.

Lehmann ne répondit rien. Il sonna son valet de chambre et se fit habiller à la hâte; puis il se rendit chez le préfet.

Le magistrat faisait dans son hôtel une partie de wisth avec quelques députés. Il reçut Lehmann de l'air d'une affectueuse considération. Dès que celui-ci lui eut annoncé le motif de sa visite, le préfet fut le premier à ne pas insister pour savoir les noms.

— Comme homme, dit-il, je n'ai pas aussi mauvaise opinion du duel comme magistrat; aussi je ne sévis point à cet égard. Je vais donner des ordres pour que mes agents de sûreté empêchent simplement le combat, sans arrêter les adversaires, si toutefois ceux-ci obéissent à leur réquisition.

Il reconduisit Lehmann jusqu'à la porte du salon avec la plus grande politesse.

Le juif rentra chez lui; il se mit au lit après avoir ordonné à son domestique de l'éveiller à six heures.

Vers cinq heures et demie du matin, un coup de sonnette furibond éveilla le dormeur en sursaut.

Un des valets courut à la porte:

C'était San Colombano.

— Cours éveiller Lehmann, fit le vicomte. Il faut que je lui parle à l'instant même.

La figure décomposée de Raphaël, son geste bref, sa voix saccadée produisirent un tel effet sur le valet qu'il foula aux pieds son respect ordinaire pour les ordres de son maître.

Il entra dans sa chambre afin de l'éveiller; mais Lehmann était déjà sur pied. Le formidable coup de sonnette lui avait servi de réveille-matin; il s'habillait lui-même.

— Qu'y a-t-il? demanda-t-il tout tremblant.

— M. le vicomte de San Colombano désire vous parler.

San-Colombano n'avait pas attendu la permission du juif. Il était entré sur les talons du domestique.

— Tout est perdu, mon cher, dit-il à l'Israélite?

— Quoi donc? Est-ce que Champcarré aurait été tué?

— Non! mais tiens! vous savez déjà?

— Pardieu! depuis hier soir.

— Et vous restez calme dans votre chambre, quand ils vont se battre!

— Je ne vois pas pourquoi j'irais me promener à Montrouge.

— Ah! si vous le prenez sur ce ton; j'ai eu tort de tant me presser...

— Mon cher, toutes mes précautions sont prises d'avance; j'ai prévenu le préfet de police, et en ce moment une troupe de sergents de ville se promène autour de la fabrique.

Le vicomte s'assit et demanda:

— A quoi vous résolvez-vous?

— A rester ici en attendant les événements.

— Vous n'ayez pas la curiosité de pousser jusqu'à Montrouge?

— J'aurais certainement cette curiosité; mais je craindrais d'être aperçu, soit par le maître d'armes, soit par l'un des deux adversaires.

— Si ce n'est que cela, il y a un moyen de tout concilier. Nous connaissons la voiture de Champcarré, nous prendrons un coupé de louage et nous irons à Montrouge en passant par Gentilly. Personne ne nous apercevra...

— A cette condition, je me décide.

— Pour plus de sûreté nous mettrons chacun un caban, la matinée est fraîche, cela s'expliquera...

Les deux complices se revêtirent des manteaux en question et descendirent sur la place de la Bourse.

Le maître d'armes et son neveu avaient regagné la rue Neuve-Saint-Augustin. Ils prirent de nouveau place dans la voiture qui se dirigea du côté de Montrouge par la barrière d'Enfer.

La colère de Champcarré au lieu de s'apaiser grandissait toujours. N'eût été sa déférence pour l'avis de son oncle il se fût mis tout de suite à la recherche de Surrey, de Lehmann et du vicomte, pour lesquels il éprouvait maintenant la haine et le mépris les plus violents.

— Oh! je les retrouverai, disait-il, en martelant de son poing fermé les coussins du coupé. Je les retrouverai et malheur à eux!...

— Ce n'est pas le moyen d'arranger les choses, répondit le maître d'armes. Tiens-tu vraiment à démasquer tous ces coquins!

— Si j'y tiens?...

— Il faut pour cela patienter et dissimuler. Je t'ai montré en escrime un coup superbe; celui qui consiste à laisser son adversaire s'enferrer lui-même. Tu dois le mettre en pratique ici.

— Viendront-ils s'enferrer, voilà la question?

— Ils y viendront, c'est moi qui te le dis.

Champcarré tomba dans une mélancolie profonde.

— Et le vicomte qui me proposait ce matin ses actions... c'était pour mieux me dépouiller!! Être infâme! couleuvre et vipère!... se glisser sous l'amitié pour empoisonner la coupe que l'on vous tend.

— Laisse cette vipère te caresser encore, venir ramper

autour de toi. C'est le moyen de lui écraser la tête plus sûrement.

— Ah! comme j'aurais du plaisir à la broyer!...

— Me promets-tu de ne pas précipiter les choses, mon
ami!...

Champcarré fit un effort :

— Je vous obéirai, mon oncle, dit-il; mais vous m'assu-
rez vous-même que la vengeance ne m'échappera pas?

— Sois tranquille et compte sur moi. — Tu verras qu'ils
subiront tous trois le châtiment qu'ils ont mérité.

L'oncle et le neveu arrivèrent bientôt à la barrière
d'Enfer.

Là, ils descendirent de voiture après avoir dit au cocher
de les attendre, ils suivirent ensuite la rue d'Orléans, jusqu'à la hauteur de la rue d'Amboise, s'engagèrent dans la
rue des Catacombes et remontèrent la rue de la Tombe-Issoire jusqu'à la fabrique.

Derrière ce bâtiment s'étendent des champs presque in-
cultes coupés de fondrières, relevés tantôt en monticules
terreux, tantôt en talus couverts de tuf et de substances cal-
caires. Le sol raboteux, inégal, forme des plis profonds qui
se prolongent jusque sur le territoire de Gentilly.

Ils aperçurent dans l'un des plis la silhouette de quatre
ou cinq personnes qui semblaient être de marbre noir tant
elles restaient immobiles.

C'étaient des sergents de ville.

— Vois-tu! dit le maître d'armes à son neveu. La mystification n'est-elle pas complète.

Au même instant, un fiacre débouchait sur une des hau-
teurs qui dominent Gentilly dans la partie comprise entre la
barrière de la Glacière et le chemin de fer d'Orsay.

Deux hommes, que l'on ne pouvait reconnaître à cause de
la distance et parce qu'ils portaient les capuchons de leurs
cabans rabattus sur la tête, descendirent du fiacre.

L'un d'eux fit un geste que Champcarré remarqua.

— C'est le vicomte, dit-il; je reconnais sa manière d'é-
tendre le bras.

— L'autre est Lehmann alors, fit le maître d'armes.

Une idée traversa le cerveau du jeune homme.

— Nous voici quatre, dit-il, si notre mystification deve-
nait une réalité, si j'allais provoquer San Colombano?

— Non! mon ami, répliqua Leroux! quand on se bat,
il doit y avoir égalité d'honneur. — Or, tu es un honnête
homme; le vicomte est un coquin; vous ne pouvez vous
battre à honneur égal.

Champcarré détourna la tête.

— Alors, dit-il, allons-nous-en.

— Où? demanda le maître d'armes.

— Où vous voudrez, mon oncle.

— Il ne faut pas que tu rentres chez toi.

— Je n'y rentrerai pas non plus; seulement, puisque
nous allons commencer une série de punitions, je veux procéder par la plus petite.

— Il s'agit?

— Vous ne devinez pas?

— Non!

— De mademoiselle Moustache. Il est honteux pour moi
d'avoir accablé de présents une drôlesse de cette sorte. Le
mot est juste.

— C'est vrai; mais je ne suppose pas que tu veuilles lui
reprendre ce que tu lui as donné.

— Pas précisément. Les cadeaux que je lui ai faits lui
resteront. Mais j'exige qu'elle me restitue le prix du mobilier
de la Borghetta. En l'achetant pour elle, je lui ai fait observer que je ne lui faisais qu'une avance qu'elle devrait me
rembourser d'une façon ou d'une autre...

— Tu m'as raconté cela. — Laisse-moi agir. Tu verras
comme je m'en tirerai.

L'oncle et le neveu retournèrent à Paris.

Leur voiture s'arrêta sur le boulevard des Italiens, et
Leroux alla sonner immédiatement à la porte de Moustache.

Il était huit heures du matin.

Une cameriste, qui, d'après ce qu'on en pouvait juger par
le désordre de son costume, venait de se lever, ouvrit la
porte.

— Madame est encore au lit, dit-elle.

— Ça ne fait rien, répondit Leroux, annoncez-lui que
c'est son maître d'armes qui veut lui confier quelque chose
d'important.

La cameriste revint bientôt.

— Madame vous attend dans sa chambre à coucher,
fit-elle.

Moustache, en effet, n'était pas encore levée. Elle reçut le
maître d'armes dans la position de Vénus surprise avec
Mars. Seulement Mars n'était plus là. Enfoncée jusqu'aux
épaules dans des draps éblouissants de blancheur, elle posa
son bras nu sur un oreiller à taie de dentelle et salua légèrement Leroux en lui disant :

— Pardon si je vous reçois ainsi. Il n'y a pas à se gêner
avec un vieil ami.

— Parce qu'il est vieux surtout, répondit le maître
d'armes.

— Quelle nouvelle apportez? mon cher compère, comme
chante la chanson de M. Malborough.

— Pas gaie du tout, ma chère Moustache. Figurez-vous
que vous recevez en ce moment un huissier.

— Diable! Est-ce que j'aurais contracté vis-à-vis de vous
quelques dettes... d'honneur?

— Vous seriez toujours capable de solder celles-là; mais
il s'agit d'autre chose.

— En avant la sommation!

— Vous connaissez Lehmann?

— Oh! le vieux grigou, je crois bien.

— Intimement, peut-être?

— Oui! ça m'est égal; vous savez que je ne cache pas
mes péchés. Avec lui je devrais dire peccadilles, parce que
ce n'est pas la peine d'en parler.

Et Moustache sourit malicieusement.

— Eh bien! continua le maître d'armes, hier soir il s'est
trouvé avec M. de Champcarré.

— Oh! je devine! Il aura bavardé?...

— Précisément. Il est même allé fort loin... dans les détails. Naturellement, Champcarré n'était pas content.

— Vieux singe, va! qu'il revienne!...

— Il paraît extrêmement amoureux de vous...

— Qui?

— Lehmann, pardieu!

— Ah!

— Il tient même à vous le prouver d'une façon... véritablement princière.

— Oh! mon Dieu!

— Il vient de vous acheter, en conséquence, un mobilier de cent mille francs.

— Est-ce possible?

— Sans doute, mais à une condition.

— Laquelle?

— Il ne veut pas que vous conserviez le mobilier de
Champcarré.

— Qu'à cela ne tienne! je le vendrai.

— Mais Champcarré est arrivé au moment où Lehmann
était en prix pour votre nouveau mobilier et il a dit que, si
vous l'acceptiez, il vous ferait payer celui de la Borghetta,
ou vous le retireriez.

Moustache sauta de son lit sans la moindre pudeur et sonna sa caméristе.

— Habille-moi, Justine, dit-elle.

Et tandis que la femme de chambre procédait à sa toilette, elle s'adressa au maître d'armes :

— Ah! s'écria-t-elle avec dépit, M. de Champcarré veut agir ainsi. C'est bien! qu'il prenne son mobilier et qu'il le donne, ainsi que ses appartements, à la première grisette venue. Bon Dieu! devient-on ridicule quand on est ruiné, car vous savez que Champcarré s'est ruiné au jeu.

— Hélas!

— Je ne veux pas rester une heure de plus ici. Aussitôt que tu m'auras coiffée, Justine, tu iras chercher une voiture de déménagement pour enlever ce qui m'appartient, Faquin! va! Il s'est figuré que je l'aimais pour ses beaux yeux, l'imbécile; et que je sacrifierais bêtement mon bien-être à ce qu'il appelle : son amour! Bel amour, vraiment!

Le maître d'armes pouvait à peine contenir l'expression de son mépris. — Cependant, il dissimula encore.

— Avec l'argent de ce mobilier, continua Moustache, il pourra vivre quelques mois. — Grand bien lui fasse! voilà les provinciaux avec leurs prodigalités doublées d'avarices : certes le vicomte n'aurait pas agi ainsi...

— C'est vrai, il ne vous aurait pas acheté un mobilier. Mais remarquez que Champcarré ne vous redemande pas les présents qu'il vous a faits.

— Il y a longtemps que j'en ai fait cadeau à mes amies. Est-ce que j'attache le moindre prix à ces babioles sans valeur!...

— Alors, ma mission est remplie. Je vais prévenir Champcarré.

— Inutile, mon cher Leroux. Dans une demi-heure, je ne serai plus ici. Attendez; je vous remettrai les clefs de l'appartement. Ouf!... Je ne sais comment j'ai pu avoir un moment... de faiblesse... pour ce... *pas grand'chose!*...

Le maître d'armes chantonnait entre ses dents tout en mâchant le bout de sa moustache grise.

Dès que la toilette de Moustache fut terminée, et cette toilette, par extraordinaire, ne dura guère plus d'une demi-heure, un employé de la maison Bailly arriva et fit placer dans une voiture de déménagement tout ce qui appartenait à la danseuse.

Puis celle-ci sortit, jurant de ne plus jamais s'adresser à des jeunes gens sans expérience qui se trouvaient d'un jour à l'autre dans la nécessité de redemander ce qu'ils avaient donné.

Le maître d'armes ferma soigneusement toutes les portes, mit les clefs dans ses poches et sortit en même temps que la danseuse.

— Écoutez, dit-il à Moustache, lorsqu'il eut vu la voiture de déménagement tourner l'angle de la rue. Vous jouez quelquefois des rôles au théâtre; mais vous n'êtes pas aussi forte que moi. — Je viens de vous jouer une comédie de mœurs qui a bien son mérite.

— Comment? demanda la danseuse en ouvrant de grands yeux.

— Pardieu! de tout ce que je vous ai dit, il n'y a qu'une seule vérité; c'est que Champcarré, mécontent de votre ingratitude, vous retire son mobilier.

— Et Lehmann?

— Il est trop cuistre pour vous faire seulement cadeau d'un lit de sangle!...

Sur ce, Leroux salua profondément la danseuse et s'en retourna chez son neveu.

Moustache était pétrifiée!

— Vertudieu! murmura-t-elle; me jouer un tour pareil!

c'est abominable! Mais j'ai des griffes et des dents. Si je puis me venger, ce sera terrible! ah! misérable Champcarré!!!

Et la danseuse mordait ses lèvres et piétinait furieusement le trottoir.

— Où faut-il conduire la voiture? demanda l'employé.

— Chez mademoiselle Rezzioni, rue Pigalle, 5, répondit la dolente Moustache.

VIII

Préliminaire.

Que nos lecteurs veuillent bien se transporter à trois mois au-delà des événements que nous venons de raconter.

La situation de nos héros n'a pas changé.

Champcarré fréquente toujours San Colombano; mais le vicomte, que la froideur du jeune homme tient en éveil, n'ose plus lui proposer la moindre spéculation. La question du duel s'est parfaitement arrangée. Chacun croit que les deux adversaires se sont réconciliés. Et comme à Paris le plus grand événement occupe les esprits huit jours à peine, on ne parle plus de cette affaire depuis longtemps.

Leroux et son neveu attendent pour frapper un coup décisif que Surrey vienne présenter ses billets dont l'échéance approche.

Quant au mariage de Champcarré, il reste encore dans le domaine de l'incertain. — Le professeur d'escrime a beau pousser à la roue, des retards provenant tantôt du fait de la famille du général, tantôt du fiancé lui-même, font que le *char de l'hyménée* est toujours embourbé et ne peut sortir des ornières de l'ajournement.

Pardon de cette phrase prétentieuse. Si quelque chose peut nous excuser de l'avoir commise, c'est qu'elle nous donne lieu de prouver au lecteur, en le priant de nous pardonner, que nous sommes jaloux de son suffrage.

Elle nous servira d'ailleurs de chemin de traverse pour arriver sans autre préambule dans la rue de l'Estrapade où nous avons conduit plusieurs fois nos héros.

Ce jour-là, le général était de fort mauvaise humeur.

Assis dans un fauteuil rustique sous la tonnelle de son jardin, il venait de lire pour la cinquième fois à Rouillard le récit de la bataille d'Eylau, lorsque le livre lui tomba des mains.

— Tonnerre! s'écria-t-il, je ne suis pas content.

— Je parie, fit l'ex-caporal, que je devine ce qui vous fait *bisquer* ainsi?

— Quoi?

— C'est de n'avoir pas assisté à la bataille d'Eylau.

— Bah! Est-ce que je songe à cela maintenant? Je ne me souviens pas seulement de ce que je viens de lire.

— Est-ce que votre migraine vous tortillerait, mon général?

— Non! je ne sais pas ce que j'ai. Je suis furieux contre tout le monde et voilà!...

— Eh bien! moi, mon général, quand je suis furieux, je passe ma colère sur ce que je trouve. Je flanque mes bottes contre un mur, vlin!... vlan!... je casse ma terre de pipe!... je déchire mes mouchoirs de poche...

— Il y a fureur et fureur.

— Quelle mouche vous a donc piqué, mon général?

— Tu le sais sacredieu bien!

— Si je le savais, mon général, est-ce que je m'introduirais *dans le toupet... de m'immiscer... de* vous faire des interrogations.

— C'est le mariage qui me chiffonne.

— Comment, mon général! vous allez donc vous marier?

M. de Vadans se mit à rire et répondit :

— Ce serait quelque chose de beau à mon âge!

— Mais, mon général, mon père s'est bien *envolé* en troisième noces, à l'âge de quatre-vingts ans, et vous n'en avez guère plus de soixante.

— Ton père était un vieux fou. Un homme sage ne doit se marier qu'une fois, comme on ne vient au monde et comme on ne meurt qu'une fois.

— *Pourtant qu'à cela*, j'ai *celui* d'être de votre avis. Une femme ça vous en fait tant avaler, qu'il faut avoir une *toquade* pour se mettre deux fois de suite pareille giberne derrière le dos. Je ne me marierai jamais qu'une fois.

— Il est bientôt temps que tu t'y prennes.

— Oh! j'ai z'une particulière z'en vue. Ça se fera.

— Je voudrais que ce fût déjà fait pour Cécile.

— Ah! c'est donc le conjungo de mam'selle Cécile qui vous *turlupine* comme ça la *boussole*, mon général?

— Précisément.

— Vous avez raison, mon général. Il faut qu'une fille se marie de bonne heure, et un garçon le plus tard possible. D'ailleurs, mam'selle Cécile n'est pas faite pour rester ici...

— C'est vrai. Ne voir que deux vieux soldats du matin à la nuit, ce n'est pas divertissant.

— J'ai z'eu l'occasion de remarquer, mon général, qu'elle *pionçait* (1) l'autre jour quand vous lisiez la mort du maréchal Lannes dans les *Victoires et Conquêtes*.

— Oui! c'est un petit oiseau enfermé dans une cage trop noire. Il lui faut un plus vaste théâtre. Il faut qu'elle voie le monde, qu'elle aille dans les belles sociétés; nous sommes trop vieux et trop bêtes, Rouillard.

— Oh! mon général, c'est bon pour moi. Je n'ai point z'été z'éduqué convenablement; mais vous, c'est une autre histoire.

— Quoi qu'il en soit, elle finira toujours par se déplaire ici...

— Je le crois, mon général.

— Aussi faut-il qu'elle se marie tout de suite. La tête des jeunes filles n'est pas très-solide, toujours quelque chose la trouble. La solitude elle-même vient à lui faire envisager à Cécile les choses telles qu'elles sont; enfin elle ne peut avoir notre jugement à nous qui avons l'expérience de la vie.

— C'est juste, mon général. Nous avons de l'expérience.

— Parce que nous avons des cheveux blancs. Du reste, l'un ne va pas sans l'autre.

— Mais... à propos, mon général, je croyais que ce mariage allait être incessamment *consumé*.

— C'était en effet presque conclu; mais je ne sais pourquoi Cécile veut toujours remettre.

— Dame! ça se comprend. Elle n'a jamais vu le feu.

— Oui! au moment de se lier pour la vie à un étranger, il faut y regarder à deux fois. C'est une fameuse loterie que le mariage. Puis, renoncer brusquement à la vie d'enfant pour entrer dans la vie de ménage... c'est un saut périlleux à faire.

— Il y va de la tête!...

— Ah! oui, fit le général en plaçant deux doigts écartés au-dessus de sa tête; mais ce n'est dangereux que pour le mari.

(1) Dormait.

Et il se mit à rire bruyamment, manifestation que Rouillard imita, par parenthèse, le mieux qu'il put.

— Mais, ce sont des bêtises, fit M. de Vadans. Parlons sérieusement : que penses-tu de cette affaire-là, Rouillard

— Nom de nom! mon général, je pense comme vous.

— Dis-moi alors ce que je pense.

— Parlez vous-même, mon général!

— Allons! je vais te faire des questions, et tu me répondras.

— Avec plaisir, mon général.

— Comment trouves-tu M. de Champcarré?

— Mais, mon général... il se porte très-bien. C'est u garçon qui a l'air assez honnête, bien pris, robuste.

— Cela saute aux yeux. Mais crois-tu que Cécile pourr être heureuse avec lui?

— Ça dépend, mon général. Les jeunes filles, comm vous le disiez tout à l'heure *judiciairement*, ont des masse d'idées dans la *toupie*. Tantôt elles veulent ceci, tantôt ell veulent cela; le plus souvent elles ne savent pas ce qu'ell veulent. Avec ça elles ont une tête de *pioche*, tout comm des Allemands de Vienne. Elles auraient avalé z'un sabr que la poignée leur z'y resterait dans les mâchoires, qu'ell diraient que ce n'est pas vrai. Elles voudraient faire croir z'à leurs maris que les vessies sont des lanternes et que l lune est une bohémienne qui fume une pipe à la fenêtre d firmament. Je n'ai jamais eu *celui* d'être *conjungué* d'un manière *maritimoniale*, mais comme disait le Goddem qu je menais à Constantine... Je crois vous avoir raconté cett histoire, mon général?...

— Oui!

— Eh bien, je sais ce que *parler* veut dire. Consécut vement, j'avance l'*acception* que toutes les femmes se res semblent comme deux gouttes de *schnick* pour faire enra ger leurs z'époux, que donc, qu'elles se trouvent souven malheureuses sans plus savoir pourquoi que je ne sais pa pourquoi l'est-ce que les *gueunouilles* n'ont point de queu et que les chacals en ont z'une. *Subséquemment*, faire s peut que mams'elle Cécile, qu'est néanmoins d'un bon pet caractère, trouve le moyen d'être pas plus heureuse qu'u escargot au-dessus d'un paratonnerre. Mais, ça sera de s faute; car j'ose le répéter de rechef, son *filiancé* me para z'un garçon solide au poste, pas manchot et capable de fai un bon z'épouseur.

— Allons, je suis content que tu sois de mon avis, Roui lard, aussi je vais presser l'affaire.

Le général se leva de son siége rustique. Rouillard s'en pressa de prendre sa place et se mit à lire avec attention u chapitre qu'il savait par cœur, des *Victoires et Conquête*.

M. de Vadans monta dans la chambre de sa fille.

Au bruit des pas de son père, Cécile cacha dans son cor set un billet qu'elle lisait avec une profonde attention.

Elle vint au-devant de M. de Vadans toute rougissant

En gravissant l'escalier, le général avait médité sa leç et résumé ses idées. Puis il s'était composé pour la circon tance un visage excessivement grave.

Il embrassa Cécile d'un air très-sérieux.

— J'ai quelque chose d'important à vous communique ma fille, lui dit-il. Asseyez-vous et m'écoutez.

Cécile se plaça sur un petit tabouret, après avoir avan un fauteuil sur lequel le général se laissa tomber. La jeu fille avait jugé d'un coup d'œil qu'il se passait quelque cho d'inusité dans l'esprit de son père et qu'il avait pris à so égard une suprême décision.

— Écoutez-moi, répéta-t-il.

— J'écoute, mon père, répondit Cécile un peu émue pa l'accent du vieillard.

— Jusqu'à présent, continua le général, je ne vous

parlé que comme à une enfant qu'un mot effarouche. Aujourd'hui je vais changer de note. Je vais vous parler comme à une femme.

— Mon père...

— Vous avez bel et bien dix-sept ans, ou peu s'en faut. A cet âge-là, moi qui vous parle, j'étais déjà soldat, et Dieu sait si j'avais fait des farces. Je savais depuis longtemps, comme dit Rouillard, ce que parler veut dire; en un mot j'avais pour les dames un penchant... que je n'ai plus du tout aujourd'hui. Me comprenez-vous?

Cécile baissa les yeux et balbutia une réponse inintelligible.

— Allons! allons! continua le général, pas de bégueulerie, mademoiselle. Les filles sont plus précoces que les garçons, et je sais que vous avez assez d'intelligence pour me deviner.

— Veuillez vous expliquer, mon père.

— Bon! j'aime mieux cette franchise. Voici ce que j'attends. Vous ne vous amusez pas beaucoup ici.

— Qu'est-ce qui pourrait vous faire croire!...

— Ta! ta! je me comprends. — Nous avons, moi et Rouillard, des museaux qui ne sont pas précisément de nature à vous distraire. Vous vous ennuyez; ne me dites pas le contraire, vous mentiriez.

— Je vous jure, mon père, que je suis toujours heureuse d'être auprès de vous.

— Je te dis que non, mille dieux!... Il me semble que j'ai quelque jugement. Je ne suis pas assez vieux pour radoter, et j'ai encore mes yeux de quinze ans. Donc je crois que le moment est définitivement venu où tu dois te marier...

Cécile rougit de nouveau.

— Pour ceci, je te permets de rougir; seulement que ce ne soit pas long. Il faut te décider.

— Mais, mon père, je n'ai aucune envie de... vous quitter.

— Tu ne me quitteras pas non plus, morbleu! J'espère bien que ton mari restera avec moi, ou que du moins je resterai avec ton mari.

— Vous ne me comprenez pas, mon père. Je veux seulement vous dire que je n'ai aucune envie de... me marier.

— Bah!

— C'est ainsi.

— Oh! les jeunes filles! c'est toujours comme cela! Petite hypocrite, va! Je suis certain qu'au fond tu es très-contente; mais il est de bon ton de vouloir toujours ajourner... l'époque de l'hymen.

— Je vous assure, mon père, que, loin de désirer le mariage, j'ai pour lui la plus vive répugnance, et je considérerais comme un malheur d'être forcée à consentir...

— Diable! Est-ce que ce que tu dis là serait sérieux?

— Très-sérieux, mon père.

— Je ne le crois pas. Mais, je le répète, c'est de bon goût. Cependant, il faut mettre toutes ces précautions oratoires de côté et me répondre franchement.

— J'ai répondu ce que je devais répondre, d'après ma... pensée.

— Voilà un entêtement que je ne comprends guère. Oh! Rouillard, mon ami, avec quelle haute et fine raison tu as apprécié le caractère féminin!... J'espère, néanmoins, mademoiselle, que vous reviendrez de cette détermination. Mon parti est pris irrévocablement.

— Ce sera ma mort, mon père, fit la jeune fille d'un ton plein de fermeté.

Le général regarda Cécile avec étonnement.

— Ah çà, mademoiselle, s'écria-t-il, est-ce qu'au couvent vous auriez lu des romans, par hasard?

Cécile devint pâle. Mais sa volonté était aussi tenace que sa constitution physique paraissait frêle et délicate.

— Non, mon père, répondit-elle d'une voix tremblante.

— mais si vous avez pris une résolution, j'en ai pris une aussi, celle de résister à la conclusion de ce mariage jusqu'au dernier moment, ou plutôt non! je ne résisterai pas; je vous dirai simplement que je serais désolée de me marier, et mon malheur retomberait sur vous qui l'auriez voulu.

Jamais il n'était entré dans l'esprit du général que sa fille fût un instant d'un autre avis que le sien. Cette résistance n'était point prévue dans le programme dressé par avance des paroles qu'il devait lui adresser et des réfutations qu'il tenait prêtes.

Aussi, deux sentiments opposés flottaient-ils en ce moment dans son âme, et, comme ces deux sentiments s'équilibraient, il se trouvait dans l'incertitude la plus absolue.

Devait-il se fâcher et parler à sa fille du haut de son autorité paternelle? Devait-il, pouvait-il même sans faiblesse, ajourner encore ce mariage en tenant compte de ce qu'il croyait être un simple caprice de jeune fille?

— Morbleu! dit-il pour couper au court; puisque vous refusez de vous marier, vous devez avoir quelque motif?...

— Nul autre que ma répugnance pour le mariage, mon père.

— Mais ce n'est pas une raison plausible cela? D'où vient cette répugnance? Lorsque quelque chose me répugne, je sais pourquoi. Ainsi, je préfère l'arme blanche à l'arme à feu, parce que celle-ci peut être maniée avec succès par le premier imbécile venu, tandis que l'autre exige des études, du travail... Puis, on ne peut pas avoir de répugnance pour ce dont on n'a jamais usé.

— N'avez-vous pas quelquefois, mon père, entendu au fond de vous-même cette voix intime qu'on appelle le pressentiment?

— Après? où veux-tu en venir?...

— A ceci: je pressens au fond de moi-même que, si je me marie, je ne serai pas heureuse et je rendrai mon mari malheureux.

— Quoi! c'est sur de pareilles chimères que tu bases ton refus?

— Chimères ou non, mon père, je refuse.

— Nettement?

— Nettement.

— Champcarré te déplaît donc beaucoup?

— Nullement! c'est un aimable jeune homme, je ne puis dire aucun mal de lui.

— Et tu ne veux pas l'épouser?

— Non!

— Tonnerre!... Si tu n'étais pas si jeune, je croirais que tu as un autre amour en tête.

Cécile redevint fort rouge; mais son père, trop peu observateur pour juger de ce qu'elle éprouvait autrement que par ses paroles, ne remarqua point cette nouvelle transformation que venait de subir la physionomie de la jeune fille.

Cécile ne répondit rien.

— Ah! c'est comme cela, fit le général. Eh bien! dès demain tu vas retourner au couvent. Une jeune personne qui refuse de se marier, qui ne veut pas se mettre dans la position de fournir un jour des citoyens utiles à la patrie, n'est pas digne de rester au milieu du monde. Le grand Napoléon, qui s'y connaissait, sacrebleu! celui-là, disait que la femme la plus estimable à ses yeux était celle qui avait eu le plus d'enfants. Tu veux te mettre en opposition avec mes désirs, ma volonté et la loi naturelle, c'est bien! Tu ras retrouver tes biogottes de Besançon, c'est moi qui te le dis.

— Je suis prête, mon père!

M. de Vadans, poussé à bout par cette froide résolution, ne savait plus quelle contenance tenir.

D'abord, il entra dans une violente colère. Il se promenait à pas pressés dans la chambre de sa fille, dévidant le long chapelet de jurons qui se fabriquent dans l'académie des casernes, frappant du pied, arrachant les quelques cheveux qui lui restaient, mordant furieusement les poils rudes et blancs de sa moustache.

Cécile, toujours assise, suivait de l'œil les mouvements de son père. Grave, les lèvres pincées, les bras croisés sur sa poitrine haletante, elle ressemblait à Jeanne d'Arc, lorsque celle-ci comparut devant ses juges dans l'attente du fatal arrêt.

M. de Vadans ne s'adressait plus à sa fille.

Peu à peu ses muscles se détendirent; sa colère se passa, mais elle fit place à un sentiment plus douloureux encore.

Le vieux soldat éclata enfin, les sanglots montèrent dans son gosier; de grosses larmes roulèrent sur ses joues.

— Ô mon Dieu! dit-il en tombant dans son fauteuil, la tête entre ses mains; ô mon Dieu! que vous ai-je fait? voilà mon bâton de vieillesse brisé! voilà mon espoir suprême évanoui! Je me flattais qu'un jour je revivrais dans mes petits enfants! Oui!... Beaux rêves! beaux projets!... me voilà seul maintenant comme un vieil arbre sans rejetons... Voilà que mon nom va s'éteindre, ce vieux nom qui s'est transmis sans tache depuis dix générations de soldats! Adieu! adieu tout! Allons! meurs, vieillard! il est temps, tu n'as plus rien à faire ici!...

A cette explosion de douleur profonde, navrante, lugubre, Cécile oublia les résolutions qu'elle croyait irrévocables.

Elle courut à son père, et se jetant à ses genoux :

— Quoi! mon père, dit-elle, vous pleurez! Oh! je vous en prie, regardez-moi!... Dites-moi que vous me pardonnez! J'étais folle! je ferai ce que vous voudrez! je me marierai! Consolez-vous, et vivez pour votre enfant, qui vous aime... plus que son bonheur!

IX

Chez madame d'Elvino.

Le général releva la tête.

— Ah! que tu m'as fait souffrir, mon enfant, murmura-t-il.

— Vous ne souffrirez plus, mon père, répondit Cécile.

Elle ajouta en *à parte* :

— Toute la souffrance sera pour moi.

Le vieux soldat essuya ses larmes; il prit sa fille entre ses bras, et la baisant au front il demanda :

— Pourquoi, oui, pourquoi me faisais-tu si grand'peur et si grand chagrin?... Oh! la méchante, qui laisse pleurer son père. Mais c'est fini, n'est-ce pas?

— Oui, mon père!

— Embrasse-moi encore. Va! tu verras comme tu seras heureuse! Je n'ai que toi. Tu es le seul souvenir vivant qui me reste de ta pauvre mère. — Si ton mari n'était pas ce qu'il doit être, tu n'aurais qu'à me le dire : il serait toujours temps que tu revinsses à moi. Mais ne parlons pas de cela. Je suis sûr que M. Champcarré t'aimera bien. Du reste, demande à Rouillard s'il n'est pas de mon avis. Allons! embrasse-moi encore, embrasse-moi toujours.

Les larmes du père avaient cessé; mais celles de la fille coulaient avec abondance.

— Console-toi aussi, lui dit le général. Que diable! tu vas me faire pleurer encore!

Cécile fit un violent effort et parut plus calme.

— A quand fixez-vous donc ce mariage, mon père? demanda-t-elle.

— Il se fera d'ici à quinze jours, répondit-il.

La jeune fille réfléchit un instant, puis prenant une suprême résolution, elle murmura :

— Je serai prête.

Le général passait aussi facilement que Despréaux du grave au doux. Sa bonne humeur lui était subitement revenue.

— Allons, mon enfant, s'écria-t-il, je t'aime mieux ainsi. Nom de nom! comme dit Rouillard, j'ai presque envie de danser.

Il fit deux ou trois pirouettes, et sortit après avoir annoncé à sa fille qu'il allait rédiger le billet de faire part.

Cécile, restée seule, tomba agenouillée devant une petite statuette de la Vierge, placée sur la cheminée entre le buste de Napoléon et celui de Mirabeau.

— O mère du Christ! dit-elle, ai-je accepté le sacrifice jusqu'au bout?

Après quelques minutes de prière intérieure, elle se releva et vint se rasseoir dans le fauteuil que son père venait de quitter.

Elle relut le billet qu'elle avait si précipitamment caché dans son corset.

Voici quel était le contenu de ce billet :

« Pourquoi sommes-nous séparés ainsi? mon ange, ma Cécile adorée. Certainement votre père ne consentira jamais à vous donner à moi. — Malgré mon apparente richesse, je suis pauvre. Oh! si je pouvais vous voir seule un instant, mais je n'ose espérer ce bonheur. N'importe! chaque fois que vous ouvrirez votre fenêtre, je serai là. — Ce soir encore, j'irai depuis le mur de votre jardin chercher à entrevoir votre silhouette adorée. »

Ce billet était signé : *Vicomte de San Colombano.*

— Mon Dieu! comme il m'aime, pensa la jeune fille. Et dire que je ne puis répondre à son amour!... que je vais épouser un homme que je n'aime pas! Pauvre Raphaël! si je pouvais seulement retarder encore ce mariage désespérant!... O! plus que quinze jours! comme le temps s'enfuit avec rapidité! Seigneur, ayez pitié de moi!...

Elle se plongea dans une rêverie profonde.

Mille projets contradictoires passaient dans son esprit. Tantôt elle croyait qu'en écrivant à Champcarré qu'elle ne l'aimait pas, celui-ci ne persisterait point dans sa recherche, mais l'ombre désolée de son père passait devant ses yeux. Que deviendrait le vieillard si sa fille lui désobéissait de nouveau?

Tantôt l'idée lui venait de confier à son père l'amour qu'elle éprouvait pour le vicomte.

— Qui sait! se disait-elle. Peut-être accepterait-il Raphaël pour son gendre. Il est de bonne famille. Puis la fortune n'est rien vis-à-vis du bonheur de toute la vie.

Mais la timidité reprenait le dessus.

— Oh! non! continuait-elle, je n'oserai jamais lui dire ce secret que je dois ensevelir au fond de moi-même. Non! je ne rougirai point devant lui. Que penserait-il de moi, lui qui me croit aussi pure de cœur que de corps, si j'allais lui dire que j'aime quelqu'un. — Ah! je l'ai entendu. « *Aurait-elle un autre amour en tête!*... » disait-il. Mon Dieu! je ne sais plus ce que je dois éviter... Et San Colombano qui me voit peut-être... qui sera ce soir là... sur ce mur... à quelques pas de moi... Seigneur, encore une fois! ayez pitié de ce pauvre cœur qui se brise!

Machinalement elle s'approcha de sa fenêtre qui prenait jour également sur le jardin et sur la place du Panthéon.

A sa gauche, les arbres chargés de fruits vermeils frissonnaient au vent; les raisins encore verts pendaient en grappes aux treilles qui tapissaient les murs de clôture ; dans les plates-bandes, les fraises apparaissaient comme des rubis tombés dans l'herbe ; les groseillers épineux enchevêtraient leurs petits rameaux bossus autour de leur tronc noueux. Des senteurs enivrantes sortaient du parterre comme d'une cassolette.

A la droite, le Panthéon rendu au culte de Dieu dressait dans l'azur son dôme étincelant. Et à cette heure un prêtre monté dans la chaire sacrée annonçait aux fidèles la loi de Jésus-Christ, une main étendue sur la tombe de Voltaire, l'autre sur celle de Jean-Jacques Rousseau. — Triste rapprochement ! au-dessus retentissent les hymnes pieux ; au-dessous, dans les caveaux sonores, à quelques mètres à peine de l'autel, dorment les deux philosophes qui, par l'éloquence et le sarcasme, ont porté les coups les plus violents à la religion du Nazaréen.

Les yeux de Cécile errèrent un instant sur le petit jardin et sur la grande place, puis ils s'abaissèrent au-dessous de la fenêtre.

— Il n'y est pas, dit-elle, comme si elle se fût attendue à voir San Colombano perpétuellement sur la place.

Elle rentra dans sa chambre, en murmurant :

— Je le verrai ce soir. Il faut absolument que je le voie. Peut-être trouvera-t-il lui-même un moyen.

Puis une nouvelle idée traversa son cerveau :

— Si j'allais à Neuilly ? se demanda-t-elle.

Elle descendit pour trouver son père.

Le général était avec Rouillard qui prêtait ses lumières à M. de Vadans pour la rédaction des billets de faire part.

Cécile confia son projet au général.

En entendant exprimer ce désir, Rouillard entra dans une grande jubilation :

— J'accompagnerai mam'selle Cécile ? dit-il.

— Mais tu n'as pas de cheval, toi ! fit le général.

— Pardon, mon général, dit Rouillard. Je vais souvent z'à Neuilly z'à cheval. Il y a z'un lieutenant des guides que je connais et qui m'en prête z'un tous les deux jours.

— Diable ! est-ce que ta particulière, comme tu l'appelles, habiterait de ce côté ?

— Vous avez mis le nez dessus, mon général.

M. de Vadans était trop heureux d'avoir vaincu l'obstination de sa fille pour se permettre la moindre objection. Il se contenta de recommander à Rouillard la plus grande prudence.

— Oh ! je m'en charge, — fit l'ex-caporal, — que quelqu'un s'ingère voir de regarder un peu trop mam'selle Cécile, et nous rirons.

Comme explication sommaire, le digne Rouillard montra au ciel deux poings formidables qui avaient chacun vingt-cinq ou trente centimètres de diamètre.

Puis il se mit en quête d'un cheval.

Trois quarts d'heure après, Cécile et le brosseur chevauchaient côte à côte dans l'avenue des Champs Élysées.

Gracieuse et légère, la jeune fille ressemblait à miss Diana Vernon, l'amazone de Walter-Scott ; quant à Rouillard, carrément campé sur les reins de sa monture, il aurait pu donner une idée assez juste de Sancho-Pança, si son cheval eut été un âne.

De rares paroles furent échangées pendant tout le temps que dura le voyage.

La jeune fille était trop absorbée par ses propres pensées pour éprouver le besoin d'entendre l'expression de celles de son garde du corps.

Le vieux soldat de son côté avait fort à faire pour empêcher les passants de jeter d'indiscrets regards à la jeune fille. Il avait pris une pose tout à fait belliqueuse. Le poing sur la hanche, le chapeau incliné sur l'oreille droite, il tournait des yeux furibonds vers les gens assez hasardeux pour fixer la belle amazone.

Plusieurs fois déjà il avait laissé tomber au milieu des passants disséminés sur la route qu'il suivait, les épithètes de serins ou d'imbéciles ; mais tel était l'air imposant, la mine majestueuse du brave militaire, que personne n'avait osé relever ces disgracieuses qualifications.

Aucun incident ne marqua donc ce pélerinage.

Il était deux heures de l'après-midi, lorsque les deux cavaliers mirent pied à terre dans la cour du château de madame d'Elvino.

La grosse servante à qui Rouillard avait rendu quelques bons offices les avait vus venir. Elle roula plutôt qu'elle ne courut au devant d'eux en s'écriant :

— Ah ! monsieur Rouillard ! ah ! mam'selle de Vadans ! ma maîtresse sera bien contente de vous recevoir !

Au bruit du pas des chevaux, la Borghetta s'était mise à la fenêtre. — Reconnaissant que Cécile était seule avec Rouillard, elle descendit du premier étage et accourut elle-même à la rencontre de sa jeune amie.

— Soyez la bienvenue, lui dit-elle. J'avais un pressentiment que vous viendriez aujourd'hui.

Rouillard s'inclina profondément devant la baronne : puis il se dirigea du côté des écuries, tandis que l'ancienne actrice précédait Cécile dans le petit salon où nous avons déjà conduit nos lecteurs.

Les deux femmes s'assirent.

— Que vous êtes charmante, fit la Borghetta, d'avoir songé à la pauvre recluse. Je ne sais vraiment de quelle façon vous remercier de votre aimable visite.

— Je brûlais du désir de causer un instant avec vous, madame. La dernière fois que nous sommes venus, nous ne vous avons pas trouvée.

— C'est vrai ; je l'ai bien regretté. D'autant plus que vous aviez amené avec vous... une troisième personne.

Cécile rougit.

— M. le vicomte Raphaël de San Colombano, dit-elle.

— J'ai déjà eu l'occasion de voir quelquefois ce jeune homme à Paris, notamment un soir chez le marquis de Croissey.

— Ainsi, madame, vous le connaissez ?

La jeune fille avait prononcé ces paroles avec une ardeur qui n'échappa point à la Borghetta. Cette dernière tressaillit.

— Mon Dieu ! serait-ce possible ? pensa-t-elle.

Puis à haute voix :

— Oui, ma chère enfant, je le connais ; mais d'une façon très-superficielle...

— Sans doute, madame, on vous en a dit beaucoup de bien ?

— Il mène grand train.

— Comment cela se fait-il ? Il m'a affirmé qu'il n'était pas riche.

— La richesse n'est rien ; le crédit est tout. Puis le vicomte espère sans doute épouser une riche héritière qui paiera toutes ses dettes.

Le cœur de Cécile se serra.

— Mon Dieu ! se dit-elle, serait-ce parce qu'il me croit riche qu'il me rechercherait ? ce serait bien infâme !

La confidence qu'elle allait faire à la Borghetta expira sur ses lèvres ; mais celle-ci avait trop intérêt à connaître le secret du cœur de la jeune fille pour détourner ou laisser dévier le cours de la conversation.

Elle reprit :

— Néanmoins, personne n'a jamais, devant moi, mis en doute la probité de ce jeune homme. Je le crois honnête. A part le souvenir de quelques écarts... de jeunesse, souvenirs qui viennent parfois réveiller l'âge mûr, je pense qu'il ferait un bon mari.

— Dites-moi, madame, pensez-vous aussi qu'il puisse jamais aimer véritablement sa femme?

— Je le crois; surtout si sa femme était aussi charmante que vous.

Le cœur de Cécile battait avec violence. Elle porta la main à ses yeux comme pour essuyer une larme.

La Borghetta crut devoir frapper un coup décisif et devancer ainsi la confidence que Cécile hésitait à lui faire. — Elle demanda :

— Est-ce que vous aimeriez le vicomte?

Cécile se jeta en pleurant à son cou.

— Oui, madame, s'écria-t-elle.

Bien que la Borghetta s'attendît à cette révélation, elle n'en demeura pas moins quelques minutes accablée.

— O cœur des enfants et des femmes! se disait-elle. Triste faiblesse!... Voici une vierge sans tache, jeune et belle, assez riche pour être environnée des hommages les plus désirables. O douleur !... Et cette vierge tombe dans les filets d'un débauché! C'est le souffle d'un libertin qui va flétrir cette rose d'amour qui s'entr'ouvre aux premiers baisers du soleil! Dans quel bourbier a-t-elle posé son pied blanc, la douce colombe? Qu'est-ce que cet homme sans amour lui donnera en échange de son amour? Quel avenir de deuil? quelles amères déceptions! Encore une pauvre âme marquée du sceau du malheur !...

Toutes ces pensées, elle avait envie de les exprimer à haute voix, de détourner Cécile d'un pareil mariage; mais elle craignait de perdre son temps, sur la foi de ce vieil adage : *qu'on écoute les conseils justement pour avoir l'occasion de ne pas les suivre.*

Puis elle n'osait avouer à mademoiselle de Vadans qu'elle connaissait beaucoup mieux le vicomte qu'elle ne l'avait laissé supposer.

D'un autre côté, (devons-nous le dire?) l'ancienne actrice accueillait cette nouvelle avec une certaine joie. — Elle redoutait l'amour de Champcarré pour Cécile; l'indifférence de la jeune fille pour Mathieu lui apparut comme un espoir.

— Peut-être, pensait-elle, Champcarré reviendra-t-il à moi.

Elle se dégagea de l'étreinte de Cécile, et la forçant doucement à s'asseoir tout près d'elle elle lui dit :

— Eh bien, mon Dieu! il n'y a rien d'extraordinaire à ce que vous aimiez ce jeune homme.

— Comment, madame, vous ne me trouvez pas...?

— Mon Dieu! non... Cela ne m'étonne nullement. Ne vous l'ai-je pas déjà dit? A votre âge j'aimais, et ceux qui n'aiment pas à dix-sept ans n'ont point de cœur.

— Mais, madame, je suis dans une position tout exceptionnelle.

— Expliquez-vous.

— Vous savez que je dois me marier avec mon cousin?

— Oui; mais il ne tient qu'à vous de ne pas l'épouser; vous n'avez qu'un seul mot à prononcer devant le magistrat municipal : *Non !...*

— Hélas! cela ne m'est plus possible.

— Comment cela?

— Pour ne pas désoler mon père, j'ai promis de ne mettre aucun empêchement à ce mariage...

— Ah! vous avez fait cela?

— Et ce mariage se conclut dans quinze jours; on imprimera demain les billets de faire part.

La Borghetta devint rêveuse.

— La circonstance est grave, en effet, dit-elle après un instant de silence; mais il ne faut pas vous désoler outre mesure. Il y a un Dieu pour les amoureux encore plus que

pour les ivrognes. Je me charge de faire intervenir ce Dieu en votre faveur.

— Oh! madame, je vous en aurais une reconnaissance de toute ma vie.

— Laissez venir les événements et obéissez toujours à votre père. Je vous promets que votre mariage avec M. de Champcarré n'aura pas lieu et que la rupture ne pourra vous en être imputée.

— Merci! merci, madame!... vous seriez ma seconde mère si vous n'étiez pas assez jeune pour être ma sœur.

Elle se jeta de nouveau au cou de la Borghetta.

— Maintenant voilà ma gaîté revenue, ajouta-t-elle! mais, madame, ne me trompez-vous point?...

— Je vous donne ma parole que je ferai ce que je vous dis...

La Borghetta voulut jeter une goutte d'absinthe dans la joie de Cécile.

— Il s'agira ensuite de faire consentir votre père à votre mariage avec M. de San Colombano, reprit-elle.

— Mon père ne me refusera pas son consentement... Il m'aime de toute son âme... et quand il saura que c'est à cause du vicomte que je repoussais la main de mon cousin, toutes les difficultés s'applaniront.

— Je le souhaite! fit la Borghetta d'un air triste.

Une scène d'un autre genre se passait dans les cuisines.

Rouillard, qui menait l'amour tambour battant, n'avait pas perdu de temps pour faire à la grosse cuisinière une déclaration en forme et présentée avec ce *chic troupier* que nous lui connaissons.

— J'ai quelque cinquante ans, avait-il dit; plus une retraite de six cents francs, y compris ma décoration qui m'est payée z'à raison de cent cinquante *balles*. En outre, je possède z'un cœur d'occasion qui en vaut z'un tout neuf et je suis solidement établi, ce qui ne nuit pas à l'affaire, voilà le *biblot !...* Si vous voulez, *in nomine patris et patrigot !...* crac !... devant la mairie et le curé, l'affaire est dans le sac !

La cuisinière avait demandé cinq minutes pour réfléchir, après quoi, elle avait répondu un *oui* bien accentué.

— Donc, conclut l'ex-caporal, aussitôt mam'selle Cécile *conjuguée,* grif!... nous nous *conjuguons* aussi. Je suis majeur, vous êtes majeure; ça va z'aller comme sur des roulettes. En attendant, je vais vous mettre mon numéro matricule sur les deux joues.

Et Rouillard embrassa chaleureusement son énorme future qui subit sans broncher cette accolade.

— Je viendrai vous revoir dans ces moments-t-ici, ajouta Rouillard; demain z'ou après demain; et je vous tiendrai z'au courant des affaires politiques. Suffit! Vous m'entendez !...

Cécile quitta la Borghetta vers quatre heures du soir; on se remit en route, Rouillard plus joyeux encore que le matin et mademoiselle de Vadans presque rassurée.

Quand ils arrivèrent, le général avait déjà barbouillé sept ou huit feuilles de papier; mais le billet de faire part n'était pas encore rédigé.

X

Amour.

Cécile, prétextant la fatigue causée par la promenade à cheval, ne tarda pas à remonter dans sa chambre.

Elle roula son fauteuil jusqu'à la fenêtre donnant sur le jardin, s'assit, et les yeux fixés dans le vague, elle réfléchit.

A quoi réfléchissait-elle? — quelles pensées autres que des pensées d'amour flottaient dans cette âme de seize ans qui venait de se révéler à elle-même depuis si peu de temps?

Doucement bercée par ce murmure indistinct et profond qui émeut l'air aux heures du crépuscule, elle sentait la rêverie pénétrer tous ses sens; elle construisait dans son esprit, avec cette incroyable diversité des panoramas qui se dressent et s'abîment dans cette phase de l'âme, une foule de châteaux en Espagne que la réalité détruit, hélas! avec autant de rapidité que le songe les édifie.

Elle se voyait déjà, la douce enfant, dans les bras de celui qu'elle aimait : elle entendait sonner à toute volée les cloches de l'hymen; elle voyait une foule avide et curieuse qui lui faisait cortège et la regardait passer au bras de son époux.

Une mystérieuse ivresse l'enveloppait : elle était comme les Ismaélites après avoir bu l'opium qui leur ouvrait les portes du ciel.

— Je serai bien heureuse, disait-elle. Nous quitterons Paris qui m'ennuie, nous irons ensevelir nos joies dans quelque retraite lointaine; nul ne nous verra, nous vivrons à deux, et mon père veillera sur nous. Nous aurons bien soin du vieillard, et il fera sur ses genoux sauter ses petits-enfants. Quelle perspective! épouse aimée! mère aimée! fille aimée! que faut-il de plus?

Une voix secrète lui répondait en lui serrant le cœur, par ces sublimes vers de Hugo :

« Non! l'avenir n'est à personne.
Sire, l'avenir est à Dieu,
Et lorsque l'heure triste sonne,
Tout ici bas nous dit adieu.

. . . . O notre ombre, ô notre hôte!
Oh! qui peut avant l'heure ouvrir ta froide main,
Spectre toujours masqué qui nous suit côte à côte,
Et qu'on nomme demain. »

Mais songe-t-on au lendemain, quand on aime? ose-t-on prévoir l'adversité, quand le bonheur vous pénètre par tous les pores! lorsque la jeunesse qui se desséchait au soleil s'épanouit sous la rosée de l'amour! quand tout ce qui vous entoure chante avec la voix de la terre et du ciel, avec la fleur et l'étoile, avec les champs et avec la mer, ce psaume sans fin qui commence dans un berceau et finit dans une tombe.

Cependant les brouillards s'épaissirent et devinrent peu à peu ténèbres. Une inquiétude indéfinie envahit l'âme de la jeune fille. Ces vers mélancoliques d'un autre poète s'échappèrent de ses lèvres et de son cœur :

— « . . . . Heureuse, ô mille fois heureuse,
Celle qui près du lit qu'un petit ruisseau creuse,
Ayant pour couche l'herbe et pour toit l'oranger,
S'endort bergère aimée auprès de son berger. »

Alors neuf heures et demie sonnèrent.

— Mon Dieu! se dit la jeune fille, Raphaël viendra-t-il? Deux sentiments contraires se heurtaient dans son âme. Elle aurait voulu voir Raphaël, se concerter avec lui, lui exprimer ses craintes, ses espérances, lui donner avis de l'intervention de madame d'Elvino en leur faveur. Puis elle l'aimait. Elle aurait voulu entendre la voix de son amant, ne fut-ce que pour l'entendre, lui donner sa main à baiser, écouter ses protestations, vivre enfin pendant quelques minutes en tête-à-tête avec lui.

Mais elle réfléchissait que la passion de Raphaël pourrait pousser peut-être les choses trop loin; qu'elle s'exposerait ainsi à un danger qu'elle pouvait éviter en fermant sa fenêtre; que le moindre bruit ferait venir le général ou éveillerait la défiance du vigilant Rouillard.

— Oh! pensait-elle, si l'on me surprenait! si quelqu'un pouvait me voir en tête-à-tête avec un jeune homme... dans ma chambre? Ciel! je serais perdue! je mourrais!...

Puis la voix de son amour reprenait le dessus.

— Qu'importe, après tout? se disait-elle. Ne doit-il pas être mon mari? Pourquoi craindrais-je de le recevoir? Ne suis-je pas assez forte pour ne point redouter ma faiblesse?

Mais ce raisonnement ne la rassurait pas d'une façon complète. Le moindre bruit qui s'élevait dans la maison la faisait tressaillir; le moindre frôlement augmentait son angoisse.

Dix heures sonnèrent, puis onze heures, puis minuit.

Alors, les murmures de la ville s'éteignirent. — On n'entendit plus au loin que le pas des factionnaires ou des sergents de ville errant sur le bitume des trottoirs.

Cécile ouvrit doucement sa fenêtre.

Le mur qui ceignait le jardin et le séparait de la place du Panthéon se prolongeait, ainsi que nous l'avons déjà dit, jusqu'au-dessous de la fenêtre de Cécile.

Des coudriers assez hauts ombrageaient de leur feuillage le couronnement de ce mur.

La jeune fille se figura que ces coudriers s'agitaient comme si leurs rameaux avaient été froissés par un homme.

— Cécile eut peur. Un instant l'idée lui vint de fermer sa fenêtre : mais la tentation fut plus forte que la timidité.

Elle se rapprocha :

— Ne craignez rien; c'est moi, dit une voix connue dont les vibrations étaient étouffées à dessein.

— Raphaël! fit la jeune fille, c'est vous?

— Oui, répondit la voix.

Le vicomte se tenait accroupi sur le chaperon du mur, le dos ployé, dans une attitude de guerrier Sioux à la piste d'un ennemi. En étendant ses mains il pouvait toucher l'appui inférieur de la croisée.

— Imprudent! murmura la jeune fille. Si quelqu'un allait vous voir; si vous alliez faire un faux pas.

— Ne craignez rien, répondit le vicomte, toujours à voix basse; j'ai pris mes précautions.

— Mais l'obscurité?

— Bah! vos beaux yeux me servent d'étoile polaire.

Raphaël se mit à cheval sur le mur pour mieux assurer son équilibre. Il étendit ensuite ses deux mains en avant, et s'élevant à la force du poignet, il avança graduellement jusqu'au pied de la fenêtre.

Là, il se redressa.

— Votre main; Cécile, votre main! dit-il. Oh! laissez-moi l'appuyer contre mes lèvres...

Cécile lui tendit sa petite main qui tremblait.

Il déposa sur ce marbre vivant plusieurs baisers de feu.

— Tudieu, pensa-t-il tout en collant ses lèvres sur cette main patricienne; mes amis riraient beaucoup de me voir ainsi faire à minuit le chevalier de gouttière sous la fenêtre d'une jeune fille. Comme c'est romanesque!... Il ne me manquerait plus qu'une échelle de soie, un poignard entre les dents et une guitare à la main pour ressembler à tous les hidalgos amoureux, depuis Gilblas et le Mendoce de Pigault-Lebrun, jusqu'aux fort graves, fort mélodramatiques et fort ennuyeux héros des romans de cape et d'épée!...

Et son visage prit une sardonique expression qui eut certes épouvanté la jeune fille si elle eût pu la deviner.

— Mon Dieu! dit-elle, pourquoi vous hasarder ainsi, Raphaël?

— Pour vous voir! répondit le vicomte.

— Vous ne craignez donc rien?

— Rien que votre froideur.

— Vous savez bien que je vous aime, Raphaël?

— Oh! de grâce, répétez-moi ce mot si charmant et si doux. O mon ange! puis-je mériter cet amour? comment dois-je faire pour m'en rendre digne? mais je n'y croirai pas, si vous ne me le redites encore...

— Je vous aime; je vous le répète.

San Colombano attira de nouveau à lui la main de Cécile et la baisa pour la seconde fois.

— Oh! merci, murmura-t-il en cherchant à donner à sa voix le timbre de l'émotion arrivée à son plus haut degré! Merci, ma bien-aimée, mille fois merci! Vous ne sauriez croire combien je suis heureux. Je crains même cet excès de bonheur... ne va-t-il pas me foudroyer?

— Est-ce absurde! ajouta-t-il en lui-même; suis-je assez ridicule!!...

— Prenez garde de tomber! murmura Cécile tout émue.

San Colombano crut prudent de bien assurer son pied; néanmoins il fit un mouvement ascensionnel qui avait la prétention de signifier qu'il n'avait pas peur.

— Cécile, dit-il, je vous l'ai déjà cent fois répété. Je suis pauvre; peut-être votre père ne consentira-t-il pas à notre mariage; aussi, si je croyais assurer votre bonheur en me laissant glisser de ce mur et en me brisant sur le pavé, je n'hésiterais pas un instant. Le voulez-vous?

Et San Colombano fit semblant d'abandonner l'appui de la fenêtre contre laquelle il se soutenait.

— Malheureux! s'écria mademoiselle de Vadans...

— Eh! quand je me tuerais... qu'importe?

— Vous me tueriez aussi! Ne quittez point le mur et écoutez-moi.

San Colombano se rapprocha davantage encore, en plaçant sous ses pieds trois ou quatre pierres descellées de la muraille.

— Je vous écoute, dit-il.

— On doit me marier dans quinze jours.

— Ciel!

— Mais soyez sans inquiétude, ce mariage n'aura pas lieu.

— Quoi! vous refuseriez?

— Oui; mais je crois que je n'aurai pas besoin d'avoir recours à cette extrémité.

— Comment donc?

— Quelqu'un va travailler en notre faveur, et j'ai bon espoir que ce quelqu'un réussira.

— Oh! dites-moi le nom de ce bienveillant protecteur, mon ange adoré; dites-le-moi pour que je le bénisse, pour que je ne l'oublie jamais.

— Qui, diable! peut ainsi se mêler de mes affaires? ajouta-t-il tout bas.

— C'est la baronne d'Elvino.

— Digne et noble femme! J'irai la remercier, quand bien même je devrais avoir le cœur brisé par la non-réussite de son intervention.

— C'est une excellente personne; elle vous connaît un peu...

— Moi?

— Oui. Elle vous a vu quelquefois chez le marquis de Croissey.

— Je regrette de ne l'avoir pas rencontrée le jour où nous sommes allés ensemble à son château de Villiers; j'aurais été heureux de renouveler connaissance avec elle.

Il ajouta tout bas:

— Qui donc peut être cette baronne d'Elvino qui joue un rôle dans tout ceci? Je ne me rappelle pas avoir entendu prononcer ce nom-là. Il faudra que j'éclaircisse ce point...

Et tout haut il reprit:

— Qu'importe après tout que je sois pauvre, puisque vous m'aimez! Nous serons heureux l'un avec l'autre, Cécile! Je ne désirerais qu'une chose: c'est que vous soyez aussi pauvre que moi. Oh! alors aucun obstacle ne s'opposerait à notre bonheur et à notre union.

— Oui, je voudrais être pauvre et libre! libre de vous aimer à mon aise et comme je l'entendrais!

— Ô ma reine! ô ma fée! ô ma péri!... vous m'aimeriez plus que vous n'avez aimé votre mère elle-même, que votre amour n'approcherait pas du mien!... Moi, je vous aime par tous les sens et par toutes les facultés!... Vous êtes moi et je suis vous... Absente, vous êtes en mon cœur et devant mes yeux; présente, vous êtes encore devant mes yeux et dans mon cœur. Nous avons été créés l'un pour l'autre, un matin de printemps, du baiser de deux tourterelles. Oh! pourquoi vous vois-je si loin de moi? Pourquoi ne puis-je vous serrer dans mes bras en vous disant de plus près : je t'aime!!...

San Colombano fit un mouvement qui lui permit de s'asseoir sur le bord de la fenêtre. Par luxe de précaution, Cécile avait éteint la lampe.

Quand elle aperçut le vicomte si près d'elle, un tremblement convulsif agita tout son corps; — elle pâlit. — Instinctivement elle sentait que si son amant pénétrait jusque dans sa chambre à coucher, elle était perdue.

— Mon Dieu! dit-elle, si l'on vous apercevait?

— Qui pourrait m'apercevoir dans cette obscurité?

— Je ne sais; mais je crains, j'ai peur! Oh! redescendez!

— Vous ne m'aimez donc pas, Cécile?

— Douter de mon amour!... ingrat!...

— Alors, pourquoi craignez-vous?

— Parce que je vous aime.

— Et vous me repoussez! Ah! je pressentais bien au fond de mon cœur que vous ne m'aimiez pas assez pour me faire le moindre sacrifice! pauvre sot que je suis. Je le vois trop, hélas! je n'ai plus qu'à revenir à mon premier projet... me laisser glisser et mourir.

Cécile étouffa un cri qui allait jaillir de sa poitrine.

— Raphaël! mon ami, dit-elle, je vous en supplie; demain, tenez! demain, mais pas aujourd'hui. Descendez, je vous en conjure.

— Oh! oui, je vais descendre. Vous ne m'avez jamais aimé, vous prierez du moins pour moi.

Il étendit les bras et pencha la tête sur le vide.

Cécile se cramponna à ses vêtements.

— Oh! serait-ce possible, murmura-t-elle! Alors je penserais que c'est vous qui ne m'aimez pas, que vous voulez ma mort. Vous savez bien que si vous mouriez, je mourrais aussi.

San Colombano jeta ses bras autour du cou de la jeune fille et appuya sa bouche sur ses lèvres.

— Mon Dieu! murmura-t-elle en se défendant faiblement.

En ce moment, la porte du jardin cria sur ses gonds. Un homme entra portant une lanterne à la main.

Raphaël sauta doucement dans la chambre de Cécile.

— Qui se promène à cette heure, fit-elle toute tremblante. Cachez-vous, Raphaël! Si c'était mon père; s'il lui prenait fantaisie de venir voir si je dors!

— Bah! répliqua San Colombano, avec beaucoup de calme; il n'y a rien d'extraordinaire à ce que quelqu'un entre dans le jardin pendant la nuit. C'est peut-être Rouillard...

Il se pencha à la fenêtre.

Il reconnut en effet l'ex-caporal, qui trépignait sur le sable des allées en poussant des grognements assaisonnés de jurons.

— Cré nom! grommelait-il, sabres et carabines! tonnerre!... Je me la ferai z'arracher. La dent de l'œil encore!... Je ferai poser des osanores... c'est sans doute un coup d'air... Mille bombes!... Pistolet du diable!...

San Colombano ne put s'empêcher de sourire; mais une vague inquiétude le saisit lorsqu'il vit le vieux reître poser sa lanterne par terre et s'établir dans le fauteuil rustique.

— Est-ce que ce drôle va passer la nuit dans cette position? pensa-t-il.

Néanmoins, il voulut ne pas perdre le terrain qu'il avait conquis.

Il s'agenouilla devant Cécile, qui était tout à fait en déshabillé, et il baisa ses petits pieds nus dans des mules de velours.

Cécile s'assit.

San Colombano se pencha sur elle; pendant quelques secondes ils échangèrent en silence un nombre incalculable de baisers donnés et rendus.

Et le vicomte glissa dans l'oreille de la jeune fille ces paroles suavement empoisonnées, qui endorment la pudeur et éveillent les désirs.

Éperdue, haletante, le sein gonflé, l'œil humide, la bouche entr'ouverte, Cécile n'avait plus conscience d'elle-même. Une flamme d'enfer l'incendiait; elle attira contre sa poitrine le tête de San Colombano.

La voix de Rouillard résonna jusque dans l'appartement.

— Tonnerre! Fichue dent de tous les diables!... Faut que j'aille trouver le dentiste, il n'y a pas à tortiller.

Cette voix fit bondir Cécile.

Elle repoussa San Colombano, haletant aussi, et dont le scepticisme railleur s'était fondu au contact de ce corps vierge, qui semblait avoir été taillé dans un bloc de marbre de Paros.

— Imbécile de Rouillard! murmura le jeune homme avec désappointement, et assez haut pour que la jeune fille l'entendit.

Ce mot, dans un pareil instant, acheva de lui rendre toute sa présence d'esprit, toute sa force de chasteté.

— Je vous en prie, Raphaël, quittez-moi, dit-elle. Plus tard. Oh! je serais trop honteuse! allez... Tenez, voilà Rouillard qui sort; peut-être va-t-il revenir bientôt; s'il vous trouvait ici, je serais perdue; et s'il restait jusqu'au matin dans le jardin, comment feriez-vous pour sortir?

San Colombano avait repris son sang-froid. Il rentra vivement dans son rôle.

— O mon Dieu! dit-il, être si près du bonheur, si près du ciel, et retomber dans l'attente désolée, dans le bagne de l'incertitude! Cécile! vous êtes sans pitié!...

Cécile se sentait faible. Elle n'osa point affronter une nouvelle conversation avec son entreprenant ami.

— Sortez vite, lui dit-elle, et à bientôt. Songez au cœur qui s'est donné à vous, Raphaël!

— Songez aussi, répondit-il, à ce pauvre cœur qu'un mot de vous peut briser...

Il s'agenouilla de nouveau devant Cécile, lui prit les mains, les baisa, les arrosa de larmes, dont il avait toujours une source à sa disposition. Puis il escalada le rebord de la croisée en prenant les plus grandes précautions.

Cécile suivait tous ses mouvements avec une anxiété pleine de tourment; lorsqu'elle l'eût vu descendre du mur sans encombre, et retomber parfaitement d'aplomb sur ses pieds au coin de la place du Panthéon, elle tomba à genoux devant la statuette de la Vierge et elle fit une fervente prière.

XI

Mont-Souris.

Entre la rue des Catacombes et la rue Saint-Anne de Gentilly, on remarque une espèce de terrain complètement dépourvu de maisons. Ce terrain, boursouflé par des sous-sol gypseux qui crèvent, en se gonflant, leur couche supérieure au moment des pluies, présente une surface raboteuse et infertile, d'une couleur uniformément jaunâtre, coupée çà et là par les tons verts des luzernes étiolées que la maigreur du terroir empêche de se développer.

Cette partie du Petit-Montrouge n'est guère exploitée que par des carriers dont l'industrie a su trouver des richesses au milieu de cette aridité.

On l'appelle Mont-Souris.

Sur la gauche de ce canton, apparaissent quelques pauvres mâsures qui sont censées représenter des fermes, mais en réalité les nourrisseurs de Mont-Souris habitent tous la rue de la Tombe-Issoire ou celle des Catacombes. Mont-Souris n'existe pas autrement qu'à l'état de chantier de maçons de pierres et de *tireurs de pierres*.

Un soir, quelques hommes dont le costume n'avait rien de particulier et qui semblaient chercher à éviter les regards de la foule, dépassèrent, les uns la barrière Saint-Jacques, les autres la barrière de la Santé, traversèrent rapidement les rues qui aboutissent à ces barrières et se dirigèrent vers un point commun situé au pied d'une colline déboisée qui expire du côté opposé, vers le pont du chemin de fer d'Orsay.

Arrivés sur le plateau qui domine Montrouge, ces personnages s'arrêtèrent un instant, les yeux fixés sur l'horizon. Ils paraissaient attendre que la nuit fût complètement arrivée avant de descendre le monticule, et ils ne s'abordaient point.

Le crépuscule s'épaissit.

De grands nuages noirs se rangèrent peu à peu sur l'azur sombre du ciel, comme des factionnaires qui se relèvent et se placent l'un auprès de l'autre devant un palais.

Deux ou trois des hommes dont nous venons de parler s'enfoncèrent dans un sentier creux qui conduisait aux carrières. Ils furent suivis par quelques autres. Bientôt le plateau se trouva tout à fait dégarni et s'enveloppa de ténèbres.

Nous suivrons deux de ces personnages qui se sont rejoints à mi-côte de la colline, et qui s'entretiennent à voix basse.

— Voyez-vous, monsieur Leroux, — dit le premier qui n'est autre que Georges-Lambert Surrey, — nous sommes obligés de prendre de grandes précautions; la police est si ombrageuse! Trois ou quatre fois déjà nous avons été sur le point d'être pris. Hier encore, le grand Giffard, le brigadier des sergents de ville de Montrouge, nous a poursuivis jusque près d'ici. Un peu plus... ma foi! nous étions pincés.

— Et vous êtes parvenus à le dépister?

— Oui! en remettant notre séance à aujourd'hui.

— Ah! Et croyez-vous qu'il ne reviendra point ce soir!...

— Je ne pense pas. C'est fête demain à Montrouge. Il aura d'autres occupations...

— Vous ne devez pas être nombreux dans votre tripot?

— Non; mais c'est choisi. Nous avons un étudiant, un vieux militaire, un ancien spéculateur, un bourgeois, deux ouvriers, l'un typographe, l'autre ciseleur; c'est-à-dire presque tous les éléments dont se compose la société parisienne.

— Je comprends.

— Il est bien rare que l'un ou l'autre de ces messieurs n'amène pas quelqu'un avec lui : aussi le jeu marche beaucoup mieux que vous ne le supposez.

— Ah!

— On gagne ou l'on perd quelquefois de grosses sommes. Il y a quatre jours un boucher de Paris a perdu quinze mille francs.

— Diable! savez-vous que c'est énorme pour un semblable tripot?

— Oui; mais ça ne va pas encore comme je le voudrais. Il faudrait une autre direction.

— C'est Rossinot qui conduit la barque?

— Oui, un marchand de vins grossier, dont les consommations sont affreuses et qui rudoie tout le monde.

— C'est à lui que la carrière appartient?

— Oui, voilà le malheur!... Ce qui ne l'empêche pas, je vous le dis, de ne presque rien gagner... Ah! si j'avais cela!...

— Croyez-vous qu'il veuille vendre son tripot?

— Il est vieux; il n'a pas d'enfant; ça se pourrait bien. J'ai envie d'amasser une somme assez ronde et de la lui offrir pour se retirer des affaires.

— Et la police?...

— Ma foi! tant pis! Ce serait un hasard... une chance à courir; et je suis bien sûr qu'en quatre ou cinq séances je regagnerais la somme.

— Diable! vous avez donc une martingale?

— Au lansquenet, oui; mais pas à la roulette. Au lansquenet, je gagne presque à tout coup.

Le maître d'armes sentit ses lèvres trembler de colère.

— Je connais quelques-unes de vos réussites. Si vous aviez joué pour votre compte...

Ces paroles mirent le chevalier d'industrie sur ses gardes...

— Qui vous dit que je ne joue pas pour mom propre compte? demanda-t-il.

— Oh! mon Dieu! répondit le maître d'armes avec une indifférence parfaitement jouée, j'ai vu souvent des gens pauvres agir ainsi. On se laisse exploiter par un homme riche, voilà tout...

— Je ne suis pas si bête, fit Surrey avec beaucoup d'aplomb.

Mais cette conversation lui pesait.

— Voyez-vous encore? — reprit-il pour en changer le cours.

— Assez peu!

— Je vous ferais remarquer ce sol, s'il faisait moins nuit, mon cher monsieur Leroux; vous ne vous figurez pas combien il est curieux au point de vue géologique.

Le professeur d'escrime tenait peu à la géologie.

— Je suis beaucoup trop ignorant, dit-il, pour trouver à cela le moindre intérêt; j'aimerais mieux entendre le récit de quelque belle partie de lansquenet ou de roulette.

— Seriez-vous joueur aussi?

— Dans ma jeunesse je l'étais; mais comme je perdais toujours, cette passion a fini par m'abandonner.

— Heureux homme!... Moi, plus je perds, plus je veux jouer. La roulette emporte ce qui vient du lansquenet.

— Je comprends; vous n'avez pas encore trouvé votre martingale?

— Je la trouverai positivement. J'en suis sûr. Mais, en la poursuivant, je me ruine. Un jour, je saurai bien rattraper tout cela. J'ai chez moi une roulette : toute la nuit, toute la journée, je l'étudie, j'en approfondis les combinaisons.

— En attendant, vous perdez?

— Qu'importe?... Ma martingale trouvée, je vais à Bade, à Hombourg, partout où ce jeu est en honneur, je gagne plusieurs millions en quinze jours et je reviens en France. Croyez-vous que Benazet ne me donnerait pas un million pour avoir mon secret?

— Oh! je n'en doute pas... Lehmann aussi!

Leroux avait lancé avec intention le nom de l'Israélite; mais Surrrey ne sourcilla pas.

— Lehmann est trop avare, dit-il; du reste, je ne sais pas s'il joue.

— Je le sais, moi, et vous devez bien le savoir aussi, puisque vous avez joué quelquefois avec lui.

— Quelquefois, c'est le mot; mais pas souvent, fit le chevalier d'industrie dont l'embarras et l'inquiétude augmentaient. — Mauvais chemin! morbleu!...

Leroux ne parut pas remarquer cette exclamation.

— Si j'étais à votre place, dit-il, j'exploiterais le lansquenet et je ne m'occuperais de la roulette que quand je serais sûr de ma martingale.

— Comment la trouver si je ne joue plus?... C'est comme l'individu qui ne veut entrer dans l'eau que quand il saura nager.

— Non pas. On fait comme les enfants : *On joue à rien*.

— Ce serait prudent; mais je ne pourrais jouer ainsi; je m'ennuierais au deuxième tour.

— Lorsque vous perdez, est-ce que l'on vous fait payer comptant.

— Parbleu!...

— Fichtre!... Alors il faut porter toute sa fortune sur soi et prévoir toutes les éventualités.

— Lorsqu'on est sûr de la solvabilité d'un adversaire, on exige simplement des billets. Tenez, dans peu de jours, même, je dois aller en présenter deux ou trois à quelqu'un de votre connaissance.

— Bah! et à qui donc?

Surrey fit un geste mystérieux.

— Je vous le dirai plus tard, murmura-t-il.

— Il aura toujours la ressource de ne pas vous payer, ce quelqu'un... — Vous savez qu'on ne peut poursuivre judiciairement pour dettes de jeu...

Surrey secoua la tête.

— C'est bien, dit-il. Je m'entends. Nous ne sommes pas aussi bêtes que cela. Les billets sont faits en conséquence. La preuve, c'est qu'ils sont déjà dans le commerce avec l'endos du célèbre Triel.

— Sapristi! vous connaissez donc ce Triel?

L'orgueil d'avoir une connaissance si haut placée aveugla pour un instant le chevalier d'industrie.

— Mais un peu, dit-il. On n'est pas si gueux qu'on en a l'air!...

Leroux se tut et réfléchit.

Depuis plusieurs mois qu'il était à la piste des fripons qui avaient enveloppé son neveu dans les fils d'une trame compliquée, Leroux ne manquait pas de points de repaire pour réunir et condenser ses observations.

Le nom de Triel, qu'il avait entendu si souvent répéter, ne lui apparut plus que comme le prête-nom, le pseudonyme ou la raison sociale d'une personne qui ne pouvait être autre que Lehmann.

Suffisamment édifié à cet égard, il ne crut pas devoir pousser plus loin ses investigations immédiates.

Du reste, Surrey avait fait un geste qui signifiait :

— Nous arrivons.

Le sentier que suivaient les deux hommes décrivait plusieurs lignes concentriques autour d'une butte qui se dressait au milieu des massifs de pierres accumulées par les extracteurs.

Au lieu de s'arrêter au point central, il s'élançait de nouveau en ligne droite du côté de la plaine et allait se perdre dans une excavation profonde, pratiquée entre deux énormes talus dont les parois semblaient les lèvres béantes d'un abîme.

Là, une grue gigantesque dont la tête était couverte de cordages supportés par des moufles, arqueboutait sur le sol pierreux les trois poutres qui lui servaient de pieds.

Derrière cette grue, s'ouvrait un couloir sombre taillé dans le rocher et qui paraissait se prolonger fort avant. Un amas de pioches et de pelles obstruait l'entrée de ce souterrain.

— C'est ici! fit le chevalier d'industrie.

— Diable! répondit le maître d'armes, c'est habilement dissimulé. On dirait une véritable carrière qui attend de véritables ouvriers.

— Vous ne voyez pas tout, mon cher monsieur Leroux.

— Ah!

— Vous me parlez de la police; mais vous comprendrez tout à l'heure que nous ne la craignons pas beaucoup.

— Vous êtes donc armés?

— Ça ne servirait à rien; mais, ce qui vaut mieux, nous avons une autre issue pour nous enfuir.

— Une issue?

— Oui, si la police venait en *nombre*, nous nous sauverions par derrière.

Surrey avait fortement souligné le mot *nombre*. Leroux ne crut pas devoir lui demander ce que faisaient les joueurs quand la police n'était pas en nombre.

Il se contenta de frémir intérieurement.

Au bout de ce couloir sombre, on descendait trois grossières marches d'un escalier taillé également dans le rocher. Là, s'ouvrait un premier compartiment assez vaste et qui avait l'air d'une grotte naturelle.

Une grande fraîcheur régnait dans ce compartiment. Les deux hommes ne s'y arrêtèrent pas.

Ils poussèrent une porte en sapin, s'engagèrent dans un nouveau corridor faiblement éclairé par un quinquet, et dont le haut était plafonné.

Au bout de ce corridor, se trouvait la salle de jeu.

Son ameublement consistait simplement en quelques tables sales, rougeâtres, boiteuses, vermoulues, entourées de bancs aussi vieux que les tables, — défroque de marchand de vins de barrière, friperie dégoûtante exhumée des bouges les plus mal famés de la chaussée du Maine.

A l'un des angles de la salle se dressait un comptoir de zinc oxidé, derrière lequel se tenait le propriétaire du tripot.

Ainsi que nous l'avons dit, le sieur Rossinot (tel était le nom dudit propriétaire) ne jouissait pas des charmes du printemps de la vie. Il avait bien soixante et quelques années. — Contrairement à ce que l'on remarque dans la conformation des marchands de vins arrivés à un certain âge, celui-ci ne possédait pas d'embonpoint. Au contraire; le misérable était sec comme un manche à balai, sec comme un tourne-broche, sec comme une béquille, sec... comme ce qu'il y a de plus sec au monde.

Il était si sec qu'il n'aurait pas laissé d'ombre au soleil, qu'il craquait en marchant, qu'on aurait pu faire de ses deux jambes des baguettes de tambour; que sa peau semblait recouvrir des fils de fer.

La tête de ce squelette vivant formait un triangle dont la base était le crâne, et le sommet le menton. Deux petits yeux jaunes et glauques, cachés à demi sous un huisson de sourcils grisonnants, roulaient constamment dans leurs orbites avec une expression de singulière défiance.

Il toisa le nouveau venu des pieds à la tête; mais, sur un signe de Surrey, il le laissa passer en esquissant un salut.

Le maître d'armes alla se placer à une table encore inoccupée, et Surrey s'assit vis-à-vis de lui.

— J'aurais fait une partie de lansquenet avec vous, dit-il au chevalier d'industrie, mais puisque vous gagnez à tout coup...

Surrey se mordit les lèvres.

— A tout coup, dit-il, oui; parce que je poursuis ma martingale, j'y parviens ainsi à ne jamais rien perdre; en jouant quitte ou double on arrive à regagner ce que l'on perd; mais entre amis, je n'agis jamais ainsi.

— J'accepte donc une partie avec vous; seulement je ne suis pas riche; je ne puis hasarder que cinq cents francs.

— Je n'ai pas davantage.

Les deux compagnons se mirent à jouer. Deux ou trois personnes vinrent se grouper autour d'eux pour juger des coups.

Pendant un quart d'heure à peu près les chances se balancèrent. La banque passait avec rapidité de l'un à l'autre. Ils en étaient encore à leurs premiers cents francs.

— Faisons cent francs d'un coup, dit le maître d'armes.

— Je veux bien, répliqua Surrey.

La fortune favorisa le maître d'armes. Il gagna quatre cents francs à son partenaire; puis la chance tourna.

Surrey prit la banque et ne la quitta plus jusqu'au moment où les cinq cents francs du maître d'armes eurent passé de son côté; mais celui-ci ne perdait pas de vue la manipulation des cartes.

A la dernière partie, au moment où Surrey, las de cacher son jeu, d'*amorcer* son adversaire, comme on dit en style du lieu, s'apprêtait à terminer par un coup décisif, Leroux lui mit la main sur le bras.

— Vous avez tourné pour vous l'as de pique? lui dit-il.

— Oui, répondit Surrey avec étonnement.

— Eh bien! le second as de pique est dans votre main. Il n'est pas difficile que vous gagniez ainsi. Monsieur Surrey, vous êtes un voleur. Il y a trois mois que je vous guette, et j'ai maintenant la preuve.

Un des spectateurs voulut s'interposer, tandis que Surrey battait brusquement les cartes.

— Monsieur, dit-il au maître d'armes, je crois que vous vous trompez. M. Surrey est un honnête homme, et vous n'avez pas de motif pour venir jeter aussi hardiment une qualification pareille à la tête d'un de nos amis.

Leroux, que la tricherie manifeste de Surrey avait mis hors des gonds, ne put retenir sa colère.

— Si vous êtes l'ami de ce Surrey, vous êtes un voleur aussi, s'écria-t-il; et je jure sur mon honneur que vous tous qui êtes ici, vous ne valez pas mieux. Ah! je savais bien que je découvrirais un jour ce qu'il m'importait de découvrir! Voici déjà le premier repaire trouvé, les autres se trouveront ensuite...

De longues et sérieuses clameurs couvrirent la voix du maître d'armes.

Le marchand de vins s'approcha de lui, les poings crispés, les dents serrées, le visage bouleversé par la colère.

— Quel monstre est-ce là? demanda le maître d'armes en éclatant de rire.

Cet éclat de rire augmenta la rage du marchand de vins.

— Vous ne savez pas, rugit-il d'une voix saccadée, à qui vous vous êtes adressé!... Nous ne vous laisserons pas sortir d'ici... entendez-vous bien... Ni Dieu ni diable ne vous tireront de nos griffes.

Et se tournant vers les joueurs:

— Que faut-il en faire?

Deux des affiliés s'avancèrent vers Leroux.

— Au mur! au mur! dirent-ils... murons-le!...

Le maître d'armes souriait toujours.

Il jeta autour de lui un regard inquisitorial.

Dans le fond de la salle se trouvait une porte par laquelle les joueurs s'enfuyaient en cas d'alerte.

Leroux battit en retraite du côté de cette porte.

— Ah! le brigand!... le gueux!... il veut se sauver par l'autre issue, hurla le marchand de vins.

Il s'empara d'une bouteille; d'autres prirent les bancs, Surrey lui-même saisit un énorme cruchon de grès, et tous, hurlant et vociférant, se précipitèrent pour empêcher le maître d'armes d'arriver jusqu'à la porte.

XII

L'homme muré.

— Il faut le murer, répéta le marchand de vins.

— Coquins et lâches, fit le professeur d'escrime, venez me prendre!... Vous croyez donc que je vais m'enfuir? Pas si sot!... Je savais qui vous étiez et, si j'avais eu la moindre crainte, je ne serais pas entré.

En forme d'arguments à l'appui de ce qu'il venait de dire, Leroux tira de sa poche un pistolet à six coups fabriqué par Devisme sur le modèle des revolvers américains, puis il fit sortir du bambou creusé de sa canne une lame d'acier de près d'un mètre de longueur.

— Je vous attends, messieurs, dit-il.

A la vue de l'épée qui brillait aux lueurs des lampes d'un sinistre reflet, à la vue de l'arme terrible qui contenait six fois la mort dans ses tubes, les assaillants opérèrent un mouvement rétrograde.

Le marchand de vins, le premier, demanda à capituler; en attendant, il s'élança vivement du côté de la porte du corridor d'entrée; — mais, là, un effrayant spectacle s'offrit à ses yeux. — Il poussa un cri terrible.

— La rousse! La rousse! murmura-t-il ensuite d'une voix brisée.

Les tripoteurs se retournèrent avec effroi.

Le formidable Giffard, flanqué de trois sergents de ville l'épée à la main, se tenait debout à l'entrée du corridor.

A cet aspect, bouteilles, cruchons et bancs tombèrent des mains des joueurs, ils jetèrent autour d'eux des regards effarés. Voyant que le maître d'armes était seul contre la porte de derrière, ils se ruèrent sur lui au risque de se faire blesser grièvement.

Leroux décrivit avec sa lame une série de moulinets qui eurent pour résultat d'en faire sentir assez vivement la pointe aux plus hardis.

Giffard et ses hommes entrèrent dans la salle.

— Ah! vous êtes pincés cette fois, dit-il. Vous allez nous faire le plaisir de nous suivre.

— Moi aussi? — fit le propriétaire d'un air terrifié.

— Vous surtout, mon gros bonhomme... — Mais attendez encore un instant; nous allons procéder à une minutieuse perquisition.

— Ah! mon Dieu! pourquoi faire? Il n'y a rien chez moi, fit le squelette en pâlissant.

— Nous verrons bien, répondit laconiquement le brigadier Giffard.

Et se retournant vers ses hommes :

— Surveillez-moi ces coquins; ou plutôt, pour qu'ils ne s'échappent pas, mettez-leur les menottes.

Les sergents de ville prirent de petites chaînettes et lièrent les joueurs sans que ceux-ci fissent la moindre récrimination ou essayassent de se défendre.

Rossinot seul poussait les hauts cris, et se tordait au risque de causer à son frèle individu, incessamment menacé de dissolution, des perturbations regrettables.

Leroux avait remis sa lame au fourreau et était devenu spectateur de cette étrange scène à laquelle la pâle lumière des quinquets huileux et des lampes de cuivre oxidé donnait une apparence fantastique et pittoresque.

Il n'avait pas perdu un seul regard du marchand de vins. — La fixité avec laquelle celui-ci considérait la porte de derrière fit naître un soupçon dans son âme.

— Si vous commenciez par ici, dit-il au brigadier.

— Volontiers, monsieur Leroux, répondit l'agent de police; je n'ai aucune répugnance ni aucune préférence.

Le maître d'armes prit une des lampes et se dirigea vers la seconde issue.

— Mon Dieu! Mon Dieu! hurlait Rossinot. Je vous jure, monsieur Giffard, qu'il n'y a rien par là; j'en mets mon doigt au feu.

Le brigadier ne répondit pas et continua à suivre le maître d'armes.

— Vous aviez diablement raison, monsieur Leroux, lui dit-il à voix basse, lorsqu'ils eurent dépassé la porte. Je guettais depuis longtemps aussi ce Surrey. J'ai même obtenu sur lui différents renseignements d'un certain intérêt.

— Ah!

— J'ai lieu de croire qu'il n'est autre qu'un certain Triel, ancien professeur au lycée de Blois, qui a fait plus de tours que de miracles, et qui a déjà subi une condamnation pour faux en écriture privée.

La lumière se fit instantanément dans l'esprit du compère.

— Voilà bien le mot de l'énigme, se dit-il : Triel est l'homme de paille de Lehmann qui abrite sous son nom toutes les spéculations hasardeuses. Le caporal est pris; gare au capitaine!

Il ajouta plus haut :

— Et sous le nom de Lambert?

— Il a subi, répondit Giffard, trois mois de prison pour avoir été trouvé en état de vagabondage.

Leroux leva les mains vers le plafond.

— Et dire qu'il gagne des sommes folles! s'écria-t-il. — Lui?...

— Oui; mais il ne joue certainement pas pour son compte, et il vole ses partenaires.

— Savez-vous, monsieur Leroux, que celui pour lequel il joue est aussi son complice?

— Évidemment.

— Et vous le connaissez?

— Pardieu!... Mais je livrerai son nom plus tard, lorsque les révélations de Triel auront corroboré mes soupçons... je devrais dire ma certitude.

L'agent de police n'insista pas. Il inspecta minutieusement les excavations pratiquées dans la muraille; saisit quelques jeux de cartes biseautées, des tarots, des marques de trictrac, une roulette et plusieurs autres ustensiles nécessaires aux joueurs.

— Voyez! dit-il au maître d'armes.

Le compère jeta sur ce butin un coup d'œil distrait. Il promenait ses doigts contre la muraille et en frappait la surface à coups de canne.

Tout à coup sa main rencontra une couche de mortier qui semblait presque fraîche...

Une horrible idée traversa son esprit.

Il courut au couloir d'entrée, prit deux pioches et un marteau et revint à la porte de la seconde issue.

— Prenez cette pioche, dit-il à Giffard. Il y a quelque chose derrière ce mur.

Convaincu par le ton péremptoire du maître d'armes, le brigadier se mit à attaquer vigoureusement la maçonnerie.

Bientôt les éclats de plâtre frais tombèrent; en tombant, ils démasquèrent une certaine quantité de pierres de taille superposées, qui paraissaient cimentées imparfaitement.

Ces pierres formaient un parallélogramme de six pieds de hauteur sur trois ou quatre de largeur. — Leur assemblage témoignait d'une façon évidente qu'elles avaient été réunies ainsi à dessein.

D'un coup de pioche, Leroux abattit le haut de ce cadre. Aux lueurs de la lampe, il aperçut une tête d'homme. Un cri d'horreur s'échappa de sa poitrine.

— Je suis perdu! murmura Rossinot...

Et il se démena comme un possédé.

En apercevant cette tête, le brigadier s'était arrêté dans son travail. La frayeur et l'étonnement le clouaient à sa place.

Le maître d'armes, plus habitué que Giffard aux terribles scènes de la mort, reprit le premier son sang-froid.

— Hâtons-nous, dit-il au brigadier; peut-être est-il temps encore. Il n'y a pas vingt-quatre heures que ce malheureux est enfermé là-dedans; c'est tout frais.

L'agent de police était atterré.

— Bon Dieu! dit-il, c'est peut-être mon camarade V qui m'accompagnait hier au soir, et que je n'ai p dans la journée. Croyez-vous, monsieur Leroux, qu'a encore?

Le maître d'armes ne répondit rien; il arracha toute pierres jusqu'au niveau de sa ceinture.

Le corps du malheureux, qui n'avait plus de point d'a pui en avant, se ploya. Leroux le reçut dans ses bras, avec une vigueur qu'on n'aurait pas soupçonnée dans c homme d'apparence débile, il parvint à l'extraire de tombeau.

— C'est bien lui! s'écria le brigadier...

Les sergents de ville s'approchèrent.

— C'est lui! c'est bien lui! dirent-ils à leur tour.

L'infortuné Verly ne donnait plus aucun signe de vie. On

le porta sur une des tables du tripot; son corps s'étendit mollement, lourdement, comme celui d'un homme dont la mort ne remonte qu'à quelques heures.

— Avez-vous du vinaigre? fit le maître d'armes en s'adressant au propriétaire.

— Non; mais j'ai de l'eau-de-vie, répondit Rossinot. — Oh! messieurs, je vous jure que ce n'est pas moi!

— Silence, bandit! fit le brigadier d'une voix terrible.

Il se mit, avec l'aide du maître d'armes et de l'un des agents, à déshabiller Verly.

Le malheureux qu'on avait surpris sans doute dans l'obscurité avant qu'il ait pu se mettre en défense, avait les mains liées derrière le dos; on coupa les cordes.

Puis, Leroux lui frictionna les tempes avec de l'alcool, lui versa de l'eau sur la tête et lui introduisit de force entre les dents un tuyau de pipe destiné à servir de conduit à l'air.

Voyant que tous ces moyens n'aboutissaient à rien, le maître d'armes fit transporter le corps hors de la carrière.

L'air frais de la nuit, les lotions réitérées d'eau froide firent ouvrir les yeux à Verly.

— Sauvé! s'écria le maître d'armes.

— Sauvé! répétèrent tout d'une voix les sergents de ville.

Le brigadier demanda à Leroux la permission de lui serrer la main.

— Vous ne savez pas ce que vous venez de faire, lui dit-il: vous venez de rendre à sa famille le père de six enfants dont l'aîné a neuf ans.

— Grand Dieu! fit le maître d'armes... Oh! ces brigands méritent un châtiment exemplaire. Mais Verly n'est pas hors d'affaire... Si j'avais eu ma trousse, je l'aurais saigné. Hâtez-vous de le faire porter au premier poste que vous rencontrerez.

Y compris Rossinot, les joueurs étaient au nombre de onze. — Le brigadier s'inquiétait.

— Si je détache deux de mes hommes, dit-il, les gredins pourront se sauver.

— Il faut, si vous craignez cela, demander du renfort; mais je crois que c'est inutile. Je me charge, moi, de vous aider à les faire marcher.

— Alors c'est bien.

Deux sergents de ville emportèrent Verly sur leurs épaules, tandis que le maître d'armes rentrait dans le caveau avec le brigadier et un autre agent.

Ils mirent tous trois l'épée à la main. Leroux tira son révolver, et ils se placèrent derrière la bande et sur les deux ailes.

— Remarquez, dit le compère Leroux de manière à être entendu des tripoteurs, que je fais sauter la cervelle au premier qui cherche à s'échapper.

Personne ne répondit.

Les bandits marchèrent devant les trois hommes avec une grande docilité. Le marchand de vins seul parlait à voix basse à Surrey, et se retournait à chaque instant; mais c'était sur lui principalement que veillait le professeur d'escrime.

— Comme ce malheureux a dû souffrir, disait-il, tout en ne perdant pas de vue le troupeau qui le précédait.

— Vous avez eu, fit le brigadier, une idée vraiment providentielle! que serait-il devenu sans vous?

— Oui, c'est la mort la plus atroce, la plus barbare! Les assassins laissaient pénétrer encore un peu d'air dans cette tombe pour que leur victime se sentît mourir en détail, pour qu'elle assistât vivante, heure par heure, minute par minute, seconde par seconde, au spectacle de sa propre décomposition!... Horreur!...

— C'est terrible, en effet.

— On ne voudra pas croire qu'en plein dix-neuvième siècle un crime aussi atroce ait été commis. C'est faire re-

3

culer le monde de quatorze cents ans. Et d'où vient ce crime? de l'amour du jeu! de l'amour de l'or!...

— Le jeu mène à tout.

— N'en avons-nous pas sous les yeux un effroyable exemple? On commence par jouer innocemment, puis la passion s'exalte; on arrive à l'assassinat.

Cet aphorisme du vieux Jacques ressemblait beaucoup à ceux de M. Prudhomme! mais, dans l'espèce, il recevait une si terrible confirmation qu'il était effrayant de vérité.

La caravane suivit la rue des Catacombes et déboucha sur la route d'Orléans.

Minuit n'était pas sonné; plusieurs fenêtres restaient encore ouvertes. Des têtes curieuses se penchèrent sur la rue; quelques boutiquiers, badauds... comme des boutiquiers, sortirent de leurs maisons et suivirent avec étonnement l'étrange troupe.

Elle arriva à la barrière d'Enfer, et tout le monde entra dans le poste où Verly, porté par ses deux collègues, venait d'arriver aussi.

On incarcéra provisoirement au violon ces onze personnages.

Un élève-médecin qui desservait le poste, administra, comme disent les grands journaux, les premiers soins à l'asphyxié.

Au bout de quelques minutes, ce dernier ouvrit de nouveau les yeux; mais cette fois, il ne les referma plus.

Un soupir profond s'échappa de sa poitrine.

— Retirez-vous un peu, fit le médecin aux assistants; et éloignez les lumières. Je crains que la fièvre ne se déclare.

— Rossinot! Rossinot! fit le moribond. Rossinot!

Sa voix avait une intonation sépulcrale.

Le docteur envoya un soldat réveiller le premier pharmacien venu et demander du vin de quinquina.

Dès que l'héroïque boisson fut préparée, on en donna quelques cuillerées au malade qui se trouva soulagé tout à coup et se mit sur son séant.

Le médecin se tourna vers le brigadier :

— Connaissez-vous un peu votre agent? lui dit-il.

— Beaucoup, répondit le sergent de ville.

— Son tempérament?

— Assez lymphatique. Il ne se préoccupe de rien, et ne se frappe pas.

— Tant mieux.

Il fit envelopper le malade dans un manteau de camp et lui adressa la parole.

— Comment vous trouvez-vous? lui demanda-t-il.

Verly, malgré le caractère froid qu'on lui connaissait, venait de subir un tel choc qu'il ne reprit pas tout de suite sa raison. Il n'avait pas conscience de ce qui se passait autour de lui.

Mais peu à peu le sentiment de son existence lui revint et la présence d'esprit en même temps.

— Comment suis-je ici? murmura-t-il en reconnaissant le poste de la barrière d'Enfer.

— On vous a retiré de votre cachot, fit le médecin.

Verly mit ses mains devant son visage et balbutia :

— Oh! ma femme! mes enfants!

Et quelques larmes coulèrent entre ses doigts. Ce fut la seule marque de faiblesse qui se manifesta extérieurement. Il balbutia :

— Et qui donc m'a tiré de cet affreux tombeau?

Le brigadier s'avança en désignant le maître d'armes.

— C'est ce monsieur, mon vieux Verly. Sans lui, c'était fini de toi.

Verly remercia le professeur d'escrime, et, après lui avoir demandé son nom :

— Mes enfants vous béniront, monsieur Leroux, lui dit-il, et ils vous mettront dans leurs prières.

Giffard raconta alors en détail à son agent comment l'idée était venue à Leroux d'examiner les murs, et de quelle façon le résultat avait été obtenu.

De son côté, Verly expliqua au brigadier qu'on l'avait saisi par derrière et qu'on l'avait poussé garrotté dans l'excavation que la pioche du maître d'armes avait découverte. Il accusa Rossinot d'avoir aidé trois autres hommes qu'il ne connaissait pas de figure à le placer ainsi dans le cercueil de pierre.

— Vous les reconnaîtriez, n'est-ce pas? lui demanda-t-on.

— Certainement, répondit-il.

Puis il rendit compte au médecin de toutes les sensations qu'il avait éprouvées jusqu'au moment où le commencement d'asphyxie l'était venu plonger dans une douloureuse léthargie qui l'avait empêché depuis lors de constater lui-même ce qu'il ressentait.

Après ce récit, Leroux, rassuré sur la santé de Verly, prit congé des personnes qu'il avait accompagnées.

— Voici cinq cents francs que ce drôle de Lambert Surrey ou Triel voulait me voler. C'est de l'argent qui ne m'appartient plus... Veuillez le remettre à la femme de Verly sans lui dire de qui vient cette somme.

Sur ce, le maître d'armes se dirigea du côté de la rue de Grammont.

XIII

Interrogatoire.

La nouvelle de cette importante arrestation fut transmise dès le matin au préfet de police.

Le brigadier ayant signalé dans son rapport que les révélations de Rossinot et de Surrey particulièrement pouvaient compromettre quelques personnages importants, le préfet voulut assister lui-même à l'interrogatoire de ces deux prévenus, ou plutôt leur faire subir un interrogatoire spécial précédant celui du juge d'instruction.

Le haut fonctionnaire réunit donc entre ses mains tous les dossiers relatifs aux accusés. Il se fit rendre un compte exact et circonstancié de leur arrestation, des paroles qui avaient pu leur échapper; puis il manda dans son cabinet le compère Leroux.

Celui-ci crut devoir ne rien cacher au préfet.

Il lui raconta comment, depuis quelques mois, son neveu était entouré de pièges de toute sorte, tendus à sa grande fortune; et comment, en fin de compte, il se trouvait débiteur d'une somme énorme qui lui avait été volée.

En outre, il dénonça le restaurant Triel comme un tripot de la pire espèce où la jeunesse aristocratique allait se ruiner; puis il expliqua que Lehmann pouvait fort bien être le machinateur de toutes ces intrigues dont le secret allait prochainement se découvrir.

Les preuves que donnait Leroux étaient tellement serrées, tellement précises, que le préfet ne put conserver un seul instant le moindre doute. Néanmoins, il tenait à s'éclairer davantage à cet égard afin de frapper plus sûrement. — Il pria donc Leroux de rester auprès de lui pendant l'interrogatoire des accusés.

Vers huit heures du matin, ceux-ci avaient été amenés à pied par un piquet de chasseurs de Vincennes à la préfecture de police.

Contrairement à la coutume de laisser deux ou trois jours les inculpés au dépôt avant de les interroger, à dix heures, le gardien appela Rossinot.

L'interrogatoire du squelette ne fut pas long.

Il avoua, en ce qui concernait la tentative d'assassinat faite sur le malheureux Verly, qu'il y avait tacitement participé, mais que la proposition venait de Surrey, et que c'était l'étudiant, aidé par ledit Surrey et le bourgeois, qui s'étaient emparé du sergent de ville.

Il avoua également que c'était lui qui avait maçonné le cadre de pierres avec du mortier; mais qu'espérant qu'on délivrerait le sergent de ville, il avait laissé des *jours* dans la maçonnerie. D'un autre côté, s'il avait poussé des cris lorsque Leroux et Giffard s'étaient approchés de la cachette, il eut l'impudence de dire que c'étaient des cris de joie.

Malgré la gravité des faits, le préfet ne put s'empêcher de sourire de ces étranges moyens de défense. Néanmoins il les releva en disant au misérable qu'il eût été bien plus simple et surtout plus honnête de *démurer* lui-même Verly, au risque de voir fermer son tripot.

Rossinot objecta que son établissement de jeu était sa seule fortune; mais le préfet lui montra des pièces constatant qu'il payait deux cent vingt francs d'impositions foncières; que, conséquemment, il ne devait pas crier misère; qu'en servant de complice aux gens coupables de ce crime, il n'avait obéi qu'aux mauvais instincts de son âme viciée, qu'à ses sentiments de cupidité et de méchanceté naturelles.

— Du reste, ajouta-t-il, il ne m'appartient pas de porter à cet égard un jugement quelconque. C'est l'affaire du parquet, du juge d'instruction et du tribunal. Je désire savoir seulement quelles ont été vos relations avec Surrey...

Le marchand de vins déclara qu'il ne connaissait Surrey que depuis près d'un an et demi, époque à laquelle il avait ouvert son tripot.

« Surrey, à cette époque, était en état de vagabondage, dit-il. Il venait coucher dans mes carrières. — Un jour je le surpris. — Il me dit que si je voulais lui donner un lit chez moi et la nourriture pendant quelque temps, il m'enseignerait le moyen de faire fortune.

« Je ne le crus pas sur parole, attendu que, s'il avait eu ce moyen à sa disposition, il aurait commencé par l'employer pour lui-même.

« Mais il me pressa beaucoup et se fit fort de me donner une preuve immédiate de ce qu'il avançait.

« — Si j'avais cinq cents francs, me dit-il, je me chargerais de vous en faire gagner le double aujourd'hui même.

« J'avais ces cinq cents francs.

« Essayons, me dis-je; si cela est vrai, autant que j'en profite qu'un autre.

« Surrey me conduisit donc dans une maison de jeu... »

Le préfet l'interrompit pour lui demander s'il savait dans quelle maison Surrey le conduisit.

— Si j'étais dans cette maison, reprit Rossinot, je la reconnaîtrais, mais je ne me rappelle ni le nom de la rue, ni le numéro de la maison.

Leroux et le préfet échangèrent un coup d'œil d'intelligence.

Rossinot continua.

— Surrey m'ayant prévenu que cet établissement n'était fréquenté que par la *haute*, j'avais mis mes plus beaux habits et j'avais prêté mes plus belles *frusques* à Surrey.

« Cependant, comme je vis qu'il allait jouer, je me dis que son moyen de faire fortune n'était pas sûr du tout, et que je risquais de perdre mes fonds. Il me rit au nez en disant qu'il ne perdait jamais. Je ne me serais pas douté qu'il

faisait *sauter la coupe*, comme il l'a fait hier soir pour ce monsieur.

Et il désigna le maître d'armes.

— Mais, reprit-il en suivant le cours de sa première idée, je fus bientôt persuadé qu'il n'avait rien exagéré. Au bout de vingt minutes, il avait gagné trois mille francs à un jeune homme qu'on appelait, je crois, le chevalier des Bruyères.

— De Brugnières, fit le maître d'armes.

— Le nom n'y fait rien. — Je m'en revins donc avec Surrey qui me donna généreusement mille francs. Pour cela, il n'est pas *chien*, au contraire; c'est tout de même lui, avec toutes ces idées, qui m'a *fichu* dedans.

« Il me fit entrevoir que ce qu'il venait de gagner n'était rien; que les jeux de cartes étaient des duperies ridicules, et que, s'il existait à Paris une maison de jeu où il y eût une roulette, tout le monde afluerait bientôt à cette maison.

« Je lui fis observer que je n'avais pas de local convenable.

« Il me dit que l'une de mes carrières était excellente; et un mois après mon tripot fonctionnait. C'était Surrey qui en était le fondateur et qui le faisait marcher. Je ne sais pas comme il faisait, mais il ne gagnait jamais à la roulette. Au contraire, il perdait des sommes énormes, et il avait toujours de l'or dans ses poches.

— Quelles étaient ses allures habituelles? demanda le préfet.

— Quelquefois, il restait deux ou trois jours sans venir me voir. Pendant ce temps, je ne sais pas ce qu'il faisait. Un jour je le lui ai demandé. Il m'a répondu qu'il donnait des leçons de mathématiques à des jeunes gens qui l'emmenaient avec eux à la campagne. J'ai toujours cru qu'il était un peu fou, ou tout au moins légèrement timbré. Ainsi, tantôt il avait des habits superbes, qui semblaient avoir été faits par les meilleurs tailleurs de Paris; tantôt il portait des haillons qu'on n'aurait pas ramassés au coin d'une rue.

« Je l'ai entendu, certains jours, bavarder comme une pie borgne de choses de sciences, qu'il traite supérieurement du reste. Il n'y a pas un ingénieur qui lui en remontrerait pour un plan ou pour toute autre affaire de machines. D'autres fois, il n'ouvrait pas la bouche, ou, quand il l'ouvrait, c'était pour dire des gaillardises qui auraient fait rougir un zouave.

— Abrégez.

— Voilà tout ce que je sais de lui.

— Où demeurait-il?

— Vis-à-vis chez moi. Mais personne n'entrait dans sa chambre. Une fois, j'y ai mis le pied, je n'ai jamais vu un fouilli pareil. — Il y avait des cartes piquées contre les murs avec des épingles, un petit billard en miniature avec des lignes droites, des triangles, des cercles, etc..., le tout à la craie blanche; puis une roulette, sur laquelle il y avait au moins cinq cents petits carrés de papier larges comme la main. Ces carrés de papier étaient tous couverts de chiffres.

— Il ne vous a pas dit ce que cela signifiait?

— Non, monsieur le préfet; je ne le lui ai pas demandé. Il cherchait probablement à gagner à tous les jeux, car il avait aussi des dames, des échecs, et même plusieurs bilboquets.

— N'avez-vous vu personne venir chez lui?

— Rarement. J'ai vu ce monsieur dans ces derniers temps-ci, et voilà tout.

Leroux s'interposa.

— C'est vrai, dit-il au préfet; je savais par intuition que ce Surrey devait me faire tout découvrir, aussi j'allais fréquemment chez lui.

Et s'adressant au marchand de vins:

— Vous avez dû voir cependant, depuis votre établissement, une voiture qui s'arrêtait assez fréquemment devant chez Surrey.

— Oui! J'ai même vu en descendre un homme de cinquante ans à peu près, un profil de juif; celui-là était le dentiste de Surrey. Il était vêtu comme un charlatan, et il avait des bagues à tous les doigts.

Leroux et le préfet échangèrent un nouveau coup d'œil.

— Jamais, fit le magistrat, Surrey ne vous a parlé de cet homme?

— Non, monsieur.

— Retirez-vous.

Les gardiens emmenèrent Rossinot, qui, se figurant s'être victorieusement déchargé sur le faux Surrey de l'accusation qui pesait sur lui, rentra très-satisfait au dépôt.

Surrey fut introduit aussitôt après devant le préfet.

Le chevalier d'industrie semblait médiocrement inquiet. Le dos légèrement voûté, ce qui contribuait à le rapetisser encore, il s'avança vers le magistrat avec la politesse timide qui lui était habituelle; mais il gardait rancune au compère Leroux de l'avoir trahi si indignement.

Il ne daigna pas le saluer.

— Etes-vous décidé à être franc, Surrey? demanda le préfet.

— Oui, monsieur!... Oh! certainement oui, car ma conscience ne me reproche rien. Je suis au-dessus des insinuations que l'on pourrait faire. J'ai toujours été honnête.

Le maître d'armes sourit.

— Votre vrai nom? demanda le préfet.

— Georges Surrey, monsieur.

— Je vous demande de la franchise, et vous commencez par mentir.

— Je vous jure, monsieur le préfet, que mon vrai nom en ce moment est Georges Surrey, esquire.

— Vous avez eu d'autres noms encore : par exemple, vous vous êtes appelé Lambert. Mais votre nom véritable est Triel.

Le chevalier d'industrie roula son feutre dans ses mains.

— Puisque vous le savez, dit-il, pourquoi me le demander?

— Quand ce ne serait que pour constater votre mensonge. De quel pays êtes-vous?

— Des environs d'Orléans; d'un petit village de cinquante maisons, qu'on appelle les Fermes.

— Vous avez été professeur au lycée de Blois?

— Oui, monsieur, pendant deux ans, professeur de mathématiques élémentaires.

— Et vous avez quitté cet emploi?...

— Parce que je ne gagnais pas assez...

— Vous mentez encore. Vous avez été révoqué pour un fait ignoble, qui aurait dû vous faire traîner devant les tribunaux, si le proviseur n'avait pas eu pitié de votre repentir.

— Oh! c'est un bruit qui était dénué de toute vraisemblance... — Je n'y ai jamais cru.

Le préfet regarda Surrey avec étonnement. Le misérable qualifiait le fait qui lui était reproché comme s'il se fût agi d'un étranger qui l'eût commis.

— Vrai ou faux, ce n'est pas de cela qu'il s'agit, reprit le magistrat. Qu'êtes-vous devenu en quittant Blois?

— J'ai passé quelque temps dans ma famille.

— Existe-t-elle encore?

— Je n'ai plus qu'une sœur.

— Quel métier exerce-t-elle?

— Oh! elle s'est assez mal conduite dans sa jeunesse... malgré mes avis. — Aujourd'hui, de rage de ne pouvoir se faire femme sage, elle s'est faite sage-femme. Elle habite Tours; mais j'aurais honte de correspondre avec elle, et je

ne sais pas, depuis douze ou treize ans, ce qu'elle est devenue.

Cette parfaite liberté d'esprit, cette conscience de sa valeur personnelle ainsi exprimée, produisirent sur les deux auditeurs une singulière impression.

— Aurais-je devant les yeux, dit le préfet, en s'adressant à Leroux sans tenir compte de la présence de Surrey, un de ces hommes étranges qui se croient intimement le droit de faire ce que leur semble, sans avoir à en rendre compte à personne? Un tel aplomb me confond et m'étonne. Nous demanderons tout à l'heure à Triel l'exposé de sa philosophie.

Il continua son interrogatoire.

— Vous n'êtes pas resté longtemps dans votre famille?

— Non, monsieur. Je suis venu à Paris où j'ai vécu pendant quelques années en donnant des leçons.

— Qui fréquentiez-vous à Paris?

— Les mécaniciens des chemins de fer. Je leur apprenais à calculer, et à faire des plans de machines; c'est à peu près ma spécialité. J'ai exécuté au canif une locomotive en bois que je pourrai vous faire voir et qui contient toutes les pièces des grandes locomotives; c'est une machine de haute pression, sans condensation, munie de sa chaudière tubulaire, de son piston, de ses bielles, en un mot de tout ce qui constitue une véritable machine à vapeur capable de traîner des wagons.

— C'est vrai, dit Leroux, j'ai vu cette machine; c'est un véritable chef-d'œuvre.

— Comment se fait-il donc, Triel, demanda le préfet, qu'avec une grande intelligence scientifique vous n'ayez pas trouvé les moyens de gagner votre vie autrement que par le crime?...

— Oh! monsieur, je n'ai jamais commis de crimes. Tout le monde peut me rendre cette justice que je me conduis parfaitement et que je ne dois rien à personne. Je suis fâché que les jurisconsultes ne soient pas de mon avis; mais tant pis pour eux. Ils ne me feront pas changer de manière de voir. Tout travail doit porter ses fruits, c'est-à-dire rapporter sa somme de jouissance et de bien-être. Or, j'ai beaucoup travaillé toute ma vie; je travaille encore. La société me doit un salaire. Je le prends où je le trouve. J'ai fait, j'ai chez moi des calculs qui auraient rendu fou le grand Arago lui-même et auprès desquels les tables de logarythmes, le calcul des longitudes et des projections ne sont rien. Ce sont des combinaisons dont une seule remplirait toute l'existence d'un homme; et c'est moi qui les ai trouvées. Avec ma méthode, découverte à force de labeurs gigantesques, plus rien n'est soumis à cette puissance aveugle que les imbéciles appellent le hasard. Tout, au contraire, se meut dans une harmonie parfaite dont je tiens le diapason. — Que je vive seulement quatre-vingts ans, je réformerai toutes les sciences. Les hypothèses se transformeront en axiomes; et cela dans tous les domaines, dans la philosophie, dans la science de la terre et la science des firmaments. Que je vive seulement quatre-vingts ans, il n'y aura plus qu'un corps simple : la pluie et le beau temps seront prévus, la volonté humaine elle-même se trouvera expliquée et dirigée dans mes calculs. On saura quel jour la tempête bouleversera le sein des mers; à quelle heure tel nuage envahira notre horizon; à quelle minute le Vésuve éclatera pour engloutir d'autres Herculanum. On n'aura qu'à jeter les yeux sur un tableau synoptique que j'élabore pour trouver toutes les solutions désirables! — Tenez! vous voyez ce toit d'ici. Eh bien! lorsque je saurai combien il supportera de tuiles, quelle est l'épaisseur de chaque tuile, quel angle forme le plan d'inclinaison de ce toit, je vous dirai à une minute près quelle tuile en tombera, et si elle tombera sur quelqu'un. Cela vous

étonne! Eh bien! j'ai calculé pour les trois cent soixante-cinq jours de l'année, combien de gens passaient sur chaque pavé et combien de fois par jour; et je parierais ma tête qu'à une personne et un pavé près, ma statistique est d'une entière justesse. J'ai fait la part de tout, de la température que j'ai prévue, des occupations que j'ai prévues aussi, des promenades des gens oisifs, et je sais que sur cinquante tuiles, quarante-neuf tomberont où je l'ai dit; car les chiffres, messieurs, signifient tous quelque chose et sont plus sûrs que toutes les prophéties des grands et des petits prophètes.
— Si donc j'ai découvert tout cela, moi qui vous parle, il est juste, il est naturel que je sois indemnisé de mon travail. Comme la société est une ingrate qui ne sait apprécier que ceux qui vivent sur elle comme des moucherons sur une vieille carcasse, c'est-à-dire sans lui donner la moindre parcelle de travail sérieux, sans la faire progresser d'un centimètre dans la voie du progrès, je m'indemnise moi-même, et c'est justice. A côté de mes grands travaux qui sont ma vie éternelle, j'ai entrepris d'autres travaux moins importants, mais qui me procurent la vie matérielle. Ainsi je ferai faire aux cartes tout ce que je voudrai. J'ai dompté les dames et les échecs. Le billard lui-même, qui semble un jeu d'adresse, n'est qu'une combinaison mathématique d'angles, de triangles et de lignes, je gagnerais à tout coup à tous ces jeux. Il n'y a que pour la roulette que je n'ai encore rien découvert, mais ma martingale existe, et dans quelque temps je pourrai dire comme Archimède : Eurêka !

XIV

Interrogatoire.

Le préfet et le maître d'armes se regardèrent avec stupéfaction.

Cette exposition de principes, si singulièrement déduite et improvisée avec un accent de conviction auquel il était impossible de se méprendre, les frappa tous deux d'un profond étonnement.

Surrey était-il atteint de monomanie, ou appartenait-il à l'une de ces écoles socialistes où les plus absurdes théories trouvent des sectateurs fervents?

A part une certaine croyance exagérée dans la force de la science, il n'avait rien dit qui pût le faire passer pour un fou. Ses idées ne manquaient pas de cette suite logique qui fait défaut aux aliénés. Il était parti d'un principe sophistique; mais il n'en avait tiré que des conséquences rigoureusement raisonnables.

Il fallait donc éloigner la question de démence. Du reste, sous toutes les paroles du chevalier d'industrie, il était facile de deviner la même idée fondamentale première, reproduite sous diverses formes; à savoir, que l'homme n'est point coupable lorsqu'il ne s'adjuge que le salaire de son travail.

Mais le préfet attendait les explications que Triel devait donner pour justifier ou motiver ses faux et son assassinat.

Il poursuivit donc la série de ses questions sans prendre la peine de faire au chevalier d'industrie la moindre objection à propos de sa bizarre profession de foi, ni de relever dans cette profession de foi quelques passages qui n'auraient pu soutenir la discussion.

— Que faisiez-vous, lui dit-il, pour les mécaniciens du chemin de fer?
— Je vous l'ai dit, monsieur, je leur donnais toutes sortes de leçons.

— Vous ne jouiez donc pas, à cette époque?
— Très-peu; par distraction.
— Néanmoins, vous vous occupiez déjà de vos martingales?
— J'avais trouvé celle du lansquenet depuis longtemps; mais je n'en avais fait usage que deux ou trois fois dans les soirées du préfet de Blois.
— Comment! vous osiez exercer ce talent... de société, aux soirées de la préfecture?
— Certainement, monsieur. Je gagnais quelquefois ainsi jusqu'à cinq ou six cents francs par soirée.
— Je vous ferai observer, monsieur le préfet, dit Leroux, que la martingale de Surrey pour le lansquenet n'est autre chose qu'une filouterie assez habilement dissimulée, mais qui ne supporte pas un examen attentif.
— Entendez-vous ce que dit M. Leroux, Triel?
— M. Leroux est libre de penser ce qu'il voudra; mais je sais à quoi m'en tenir à cet égard. Je fais la banque; on coupe, je donne, comment voulez-vous que je gagne si je n'ai pas mon calcul dans ma tête. Faire sauter la coupe est un tour d'escamoteur; gagner à force de calcul est le fait d'un mathématicien.
— Depuis quel temps exercez-vous le métier de joueur?
— je ne l'ai jamais exercé.
— Vous me cherchez-là une querelle de mots. Je vous demande depuis quel temps vous cherchez dans le jeu ce que vous appelez le salaire de vos élucubrations scientifiques?
— Oh! il y a longtemps. Sous le règne de Louis-Philippe j'étais déjà fort connu, et connu fort avantageusement dans les tripots de Paris et de la banlieue.
— Comment se fait-il que vous ayez été condamné pour faux à cette époque?
— Aberration de la justice humaine, monsieur le préfet.
— A la place des juges, vous ne m'auriez certainement pas condamné. Voici comment je procède à propos de ces billets. Vous verrez si l'on peut faire peser sur moi la moindre culpabilité. Quand je n'ai pas de quoi payer, je fabrique un billet signé par un personnage en crédit; je le donne à condition qu'on ne le négociera pas avant un certain temps que je fixe. Comme je rembourse avant ce délai, les billets ne peuvent pas être taxés de faux. Une fois il arriva que je ne pus rembourser assez tôt; alors on me condamna.

La stupéfaction du préfet et du maître d'armes allait croissant.
— Certes, dit le magistrat, vous avez, monsieur Triel, des notions très-fantaisistes au sujet du bien et du mal. — M'expliquerez-vous aussi facilement l'attentat dont Verly a été la victime.
— Pour cela, monsieur, j'avoue que nous avons agi un peu trop précipitamment; c'est-à-dire que nous avons poussé les choses un peu au-delà des bornes.

Leroux ne put conserver son sang-froid.
— Comment, misérable, s'écria-t-il, vous osez vous exprimer ainsi de cette façon au sujet d'un forfait aussi exécrable!
— Distinguons, monsieur, répondit le chevalier d'industrie avec le plus grand flegme, le fait serait exécrable, en effet, si ce crime n'avait aucun motif que la cupidité ou un autre sentiment vil. Mais ici, il s'agissait d'une question de principes. Je n'admets pas qu'un préfet de police ou un sergent de ville, je vous demande humblement pardon de ce rapprochement, monsieur le préfet, ait le droit de s'opposer à l'exercice absolu de ma liberté. Dans l'espèce, ma liberté était en jeu. En usant de cette liberté, je ne faisais de mal à personne. Remarquez que c'est toujours de leur bonne volonté que les gens vont au tripot; je ne forçais point. Le

sieur Verly a voulu mettre des obstacles au développement de ma liberté; je l'ai puni. Quiconque pèse sur la liberté d'un autre est un tyran. J'approuve le tyrannicide comme l'ont approuvé le cordelier Petit au temps de Jean-sans-Peur, et le jésuite Mariana au dix-septième siècle. Question philosophique, et voilà tout, monsieur le préfet!

Cette fois, l'étonnement des deux auditeurs se transforma en indignation.

Mais la netteté avec laquelle Surrey exprimait son opinion les convainquit qu'ils avaient affaire à un sectaire qui poussait son dévouement à une idée jusqu'au fanatisme de l'assassinat.

— Vous avouez donc, dit le préfet, que vous êtes l'auteur du forfait?

— Oui, monsieur. J'y ai volontairement participé, et je recommencerais encore dans une semblable occasion.

Le préfet avait peine à comprendre qu'une résolution aussi implacablement cruelle se fût ancrée dans l'esprit d'un homme dont l'apparence était si chétive qu'il semblait qu'un souffle eût à le renverser. Il reconnut bien qu'il n'avait pas été seul pour commettre le crime.

— Qui vous a aidé? lui demanda le magistrat. Le marchand de vins avoue qu'il vous a prêté son assistance.

— C'est vrai. Puisqu'il vous l'a dit, je ne fais qu'appuyer son dire, je ne le dénonce pas.

Il ajouta plus haut, l'œil fixé sur Leroux:

— Je ne m'abaisserai jamais au rôle de dénonciateur.

— Votre rôle me paraît en effet plus relevé, fit ironiquement le maître d'armes.

— L'étudiant et le bourgeois sont les seuls qui vous aient secondé?

— Je n'en sais rien, répondit Surrey.

Le préfet vit bien que le chevalier d'industrie persisterait à se renfermer sur ce sujet dans le silence le plus absolu; aussi, changeant brusquement le cours de ses questions:

— Quelle est la nature de vos relations avec M. Lehmann? dit-il.

— Je n'ai jamais eu avec ce monsieur que des relations assez restreintes.

— Vous mentez, puisque Lehmann se sert de votre nom pour protéger quelques-unes de ses opérations financières. Vous savez aussi bien que moi que le baron Triel n'existe pas.

Surrey se mit à rire.

— On a fait sur ce nom deux vers assez baroques. Ils expriment la crainte que le grand capitaliste inspire aux financiers:

Tout le grand monde industriel
Voudrait voir dans l'Indus Triel.

— Êtes-vous prêt, oui ou non, à me répondre franchement et sérieusement?

— J'ai une ardente envie, monsieur le préfet, d'en finir avec tout ce qui m'entoure. — Je ne suis pas de ce siècle-ci, voyez-vous; aussi, j'en sortirai bientôt, mais veuillez me donner un conseil.

— Je le veux bien.

— Si je suis ce conseil, m'accorderez-vous la faveur que je solliciterai de vous?

— Il faut savoir laquelle.

— Eh bien! il me vient à l'instant même une idée que je mettrai prochainement à exécution: je veux me suicider.

Les deux hommes tressaillirent.

— Décidément, il est fou, fit le maître d'armes.

— Bah! reprit Surrey, pas plus fou que Brutus et Caton.

La société est tellement ridicule, qu'elle m'emprisonnerait pour le reste de mes jours. — La prison est une tombe. — Mieux vaut la tombe que la prison; c'est plus sourd et on dort mieux. D'ailleurs, je suis libre, et j'ai décidé cela. Voici donc le conseil que je veux vous demander: Avant de mourir, si je jouais un tour à certaines personnes, si je faisais des révélations?...

— Si elles ont pour résultat de livrer un coupable à la justice, vous agirez bien.

— Alors, je suis prêt à répondre à toutes vos questions; mais il faut me promettre que vous me ferez passer dans ma prison une fiole d'acide prussique. — Cela tue tout d'un coup; on ne souffre pas.

Le maître d'armes et le préfet se regardèrent.

— Promettez, fit Leroux.

— Comme magistrat, je ne puis entraver le cours de la justice, même quand je pourrais obtenir à ce prix les plus graves révélations.

— Alors vous ne saurez rien.

— Transigeons, monsieur le préfet, dit le professeur d'escrime. Je me charge de lui porter ce qu'il demande, moi; promettez-moi que vous me ferez donner l'autorisation d'entrer dans sa prison.

Le préfet fit un signe affirmatif.

— Acceptez-vous alors? fit le maître d'armes, en s'adressant au chevalier d'industrie.

— Oui! répondit celui-ci.

Il se mit à narrer dans les plus grands détails tout ce qui se rapportait au banquier juif dans ses relations avec lui. D'abord, il fit de son patron un portrait peu flatté à travers lequel les mots de cuistre, de voleur et d'avare passaient comme les ombres du tableau.

Il fréquentait Lehmann depuis six ans. C'était lui, Triel, qui avait aussi donné à l'Israélite l'idée d'établir un tripot rue ****. Lehmann, pour ne pas être inquiété par la police, avait acheté la maison au nom de Triel qui lui servait de prête-nom; mais il percevait tous les bénéfices et donnait chaque mois à son homme de paille différentes sommes minimes à titre d'honoraires.

Spéculant également sur le talent de joueur de Triel à qui il avait fait prendre différents noms, se réservant de faire croire que le baron Triel était un riche négociant américain, il gardait le bénéfice que celui-ci faisait au lansquenet.

— Précisez-nous quelques faits, dit le préfet de police!

— Je ne vous parlerai point de différents jeunes gens qu'il a successivement ruinés, depuis quelques années, continua Surrey, je vous parlerai seulement du dernier, le chevalier de Brugnières.

— N'est-ce que par le jeu que Lehmann ruine ses clients?

Il fait aussi l'usure sur une grande échelle. Comme c'est lui qui manie presque toute la jeunesse aristocratique, il se montre d'abord bonhomme, fait des avances et du crédit, jusqu'au jour où il voit ses victimes dans l'impossibilité de payer. Elles viennent alors pour renouveler leurs billets. Mais Lehmann répond invariablement:

« — Je ne suis qu'un homme d'affaires, messieurs, que le représentant du fameux capitaliste Triel. — C'est lui qui a mis vos billets en circulation. Cependant, si vous voulez de l'argent, je vais vous indiquer un individu qui pourra vous en avancer; c'est Lambert, ou sir Georges Surrey, qui est intéressé lui-même dans la maison Triel.

Les malheureux accourent auprès de moi, je leur prête à un fort intérêt l'argent en question qui n'est autre que celui de Lehmann, on passe une foule d'actes sous-seings privés que je fais payer excessivement cher, et l'on s'en va parfois encore en me bénissant.

« A force de renouvellements de cette nature les fortunes

les plus considérables se fondent au creuset de Lehmann, dont les richesses se décuplent au moins chaque année.

« Savez-vous combien il m'a donné pour les quatre cent mille francs que j'ai gagnés à M. de Champcarré ? huit mille francs, et c'est la première fois qu'il se montre si généreux ; j'espère que ça ne lui aura servi à rien et que M. de Champcarré sera assez malin pour ne rien lui donner.

— Tout cela, dit le préfet, tend à nous faire considérer M. Lehmann comme un homme vil et méprisable ; mais il n'y a pas là matière suffisante pour qu'un mandat d'amener soit lancé contre lui ; un faisceau d'accusations comme celles que vous venez de formuler ne constitue pas un corps de délit palpable. Il faut autre chose que des paroles ; je demanderais quelques preuves.

— D'abord, repartit Surrey, comment Lehmann pourra-t-il prouver qu'il existe un autre Triel que moi ? que répondra-t-il quand on lui demandera pourquoi il a cru devoir s'abriter sous ce prête-nom ?

— La loi ne le punit point ce fait.

— Ensuite, comment pourra-t-il indiquer l'origine des billets souscrits par M. de Champcarré ? Ils ont tous pour objets : *valeur reçue comptant.* Est-il naturel de supposer que dans un mois ou deux, M. de Champcarré ait emprunté trois cent mille francs !

— Ceci n'est qu'une prévention.

— Votre religion est bien difficile à éclairer, monsieur le préfet ; mais voici un argument que je crois péremptoire. Lorsque Lehmann sera ramené de force à l'état de Triel, c'est-à-dire qu'il lui retombera sur la tête toute la responsabilité des actes dudit Triel, on pourra l'arrêter sous prévention d'escroquerie. En effet, il a émis sous mon vrai nom une triple série d'actions de 500 francs chacune pour l'exploitation des soufrières de l'Hymalaya. Or, ces soufrières n'ont jamais existé que dans l'imagination du sieur Lehmann.

— Voilà déjà une preuve.

— Enfin, il ne peut nier que le tripot lui appartienne ; c'est un autre grief qui sera apprécié. Pour toutes ces raisons, il peut parfaitement remplir toutes les conditions qui valident le mandat d'amener. J'ose donc espérer que bientôt ce millionnaire viendra partager l'oreiller de paille de son pauvre chien... peu fidèle.

— S'il y avait seulement encore un témoin comme Surrey, fit le maître d'armes, l'affaire serait claire.

— Le chevalier de Brugnières aurait pu dire bien des choses, reprit Surrey ; mais vous pouvez vous adresser au vicomte Raphaël de San Colombano. Je le crois fort lié avec Lehmann.

— Ah ! dit le préfet, qu'est-ce que vous savez à l'égard de ce jeune homme ?

— C'est aussi l'un des compères de Lehmann. Comme il est jeune, beau, spirituel, sans préjugés, le juif s'en sert pour attirer l'eau à son moulin...

— Je comprends, — c'est lui qui se charge de dorer les pièges de Lehmann.

— Précisément. L'Israélite possède une foule de correspondants en province. Quand un jeune homme riche quitte sa ville natale pour arriver à Paris, Lehmann en est averti. Il dépêche immédiatement le vicomte au devant du provincial. Le vicomte, qui a de l'imagination, trouve toujours moyen de lier connaissance avec ledit provincial. De fil en aiguille, il l'amène à faire à peu près ce qu'il veut...

— C'est le vicomte qui a été dépêché à M. de Champcarré ? demanda le préfet.

— Oui, monsieur. Ils se sont même logés dans la même maison et ils paraissent toujours très-liés.

— Vous ne connaissez rien de particulier, relativement à ce vicomte ?

— Non, monsieur. Cependant je suis fondé à croire que M. de San Colombano est complètement ruiné depuis fort longtemps, et que s'il mène encore un certain train de maison, c'est à Lehmann qu'il le doit. En outre, c'est lui qui s'est chargé du placement d'une partie des actions sur les soufrières de l'Hymalaya.

Le préfet sonna les gardiens.

— Remmenez cet homme au dépôt, dit-il ; ou plutôt conservez-le dans une pièce séparée. Il ne faut pas qu'il puisse causer avec ses complices.

Les gardiens obéirent.

Le magistrat et le maître d'armes en savaient assez ; il n'était plus possible, après une déposition aussi claire, aussi précise, de mettre en doute la culpabilité de Lehmann.

Néanmoins, il fallait agir vis-à-vis de lui avec la plus grande circonspection.

La maison Triel s'était acquis dans le monde financier et industriel une telle influence ; elle remuait tant de capitaux, qu'il était impossible de toucher à son chef sans que la banqueroute ne s'en suivît, et sans que cette banqueroute n'entraînât dans de désastreuses faillites plusieurs maisons secondaires.

Le préfet comprit toute la délicatesse de la situation.

Il s'arrêta à ce plan : à savoir que Lehmann serait consigné chez lui et gardé à vue jusqu'à ce que tout fût liquidé ; que pendant ce temps un employé supérieur de la banque de France prendrait en main toutes les affaires de la maison Triel, ferait rentrer les actions fallacieuses, encaisserait les billets dont la source serait jugée pure, rembourserait les avances faites au juif par les petites banques de Paris et de la province, ou par les particuliers qui avaient placé leur argent entre ses mains.

Ce plan était fort simple, et son exécution devait concilier les exigences légitimes des créanciers et des débiteurs de Lehmann.

Pour ne pas laisser à celui-ci le temps de faire disparaître ses papiers les plus compromettants ou d'échapper par la fuite à la juste punition correctionnelle qu'il méritait, le préfet voulut se rendre immédiatement chez lui.

Il fit donc avancer sa voiture, prit avec lui deux agents sur le dévouement desquels il pouvait compter et se rendit rue Joquelet, tandis que Leroux allait raconter à son neveu ce qui s'était passé.

XV

Pauvre Cécile !

Il était dix heures du matin.

Champcarré venait de se lever. C'était le lendemain de l'interrogatoire de Triel et de l'entrevue de Raphaël avec Cécile. Les événements, comme on le voit, avaient marché de front.

Le jeune homme, étendu sur un canapé, songeait à ce que son oncle lui avait raconté, et il attendait impatiemment le dénouement du drame qui se jouait autour de lui.

Pour le moment, il ne croyait avoir rien de mieux à faire que de chercher le remède à son ennui dans les flocons de fumée bleuâtre qui s'échappaient de son cigare, et dont il suivait de l'œil les fantastiques arabesques.

Un coup de sonnette le fit tressaillir.

Quelques secondes après que les vibrations argentines se furent éteintes, le bruit d'un pas de femme retentit, et la

Borghetta entra dans la chambre où se trouvait son ancien amant.

— Vous, ici ! s'écria le jeune homme avec une vive surprise.

— Oui, répondit l'ex-danseuse en l'embrassant au front ; il s'agit d'une chose fort grave.

Champcarré fit une place auprès de lui à la Borghetta et l'engagea à s'asseoir. En même temps il enveloppait d'un long regard circulaire sa fraîche et gracieuse toilette.

— Plus charmante que jamais ! dit-il, en baisant le bout de ses doigts roses.

— Il n'est pas question de cela, répondit-elle. J'ai vu votre fiancée hier.

— Cécile !...

— Oui. Est-ce que vous l'aimez toujours ?

— Certainement, puisqu'elle doit être ma femme dans quinze jours. Je viens de recevoir une lettre du général. Voulez-vous que je vous donne un échantillon de son style ?

— Inutile, mon ami ; cela doit sentir le Rouillard d'une façon trop prononcée. Mais vous me dites que vous aimez Cécile parce que vous allez l'épouser. Ceci ne me paraît pas bien... raisonnable.

— Que voulez-vous, ma chère belle ! je ne l'aime pas encore autrement. Ah ! Borghetta, si vous vous appeliez Cécile !...

L'actrice comprit ; elle baissa les yeux.

— N'y pensons plus, dit-elle.

— Pensons-y toujours au contraire. Tenez, ma parole d'honneur ! je donnerais beaucoup pour ne vous avoir point connue. Je pressens que je n'aimerai jamais Cécile comme je vous aimerais, si... mais racontez-moi un peu ce qu'elle vous a dit.

— Voulez-vous ne pas vous fâcher de ce que je vais vous apprendre ?

— Je vous le promets.

— Eh bien ! Cécile ne vous aime pas.

La Borghetta croyait avoir frappé un grand coup ; elle s'attendait à ce que le visage de Champcarré allait s'altérer...

— Il n'en fut rien. Le jeune homme continua à lancer vers le plafond des nuages de fumée.

— Qu'est-ce que cela me fait ? dit-il ; l'amour lui viendra plus tard... assez tôt peut-être pour me faire repentir de m'être marié avec elle.

— Ma foi ! mon cher Mathieu, j'avoue que vous m'étonnez.

— Bah ! Est-ce que j'ai consulté mon cœur ? Si je suivais son inclination, ce serait à vous, ma sœur, à toi, ma Borghetta, que je me donnerais tout entier, si toutefois tu voulais m'accepter.

La Borghetta mit la main sur son cœur et poussa un profond soupir ; mais elle ne voulut pas répondre à la dernière pensée exprimée par son amant.

— Comment ? lui dit-elle. Est-ce bien vous qui parlez ainsi ?... Quoi ! Paris vous aurait-il corrompu à ce point que vous vouliez vous marier sans amour ?

— Eh ! mon Dieu ! comment devrais-je agir, ou plutôt comment pourrais-je agir dans le sens contraire ?

— Vous n'êtes donc pas libre ?

— Croyez-vous que j'oserais dire jamais au général : Je n'aime pas votre fille ; par conséquent ne songeons plus au mariage.

— Si Cécile accepte, il faut que j'en passe par là.

— Puisque je vous dis qu'elle ne vous aime pas.

— Ce ne peut pas être un prétexte.

— Et si je vous disais qu'elle aime quelqu'un, croiriez-vous que c'est un prétexte suffisant ?

— Oui certainement, mais Cécile est trop jeune et elle sort trop récemment de pension pour avoir déjà laissé prendre son cœur aux gluaux d'un oiseleur quelconque.

— Vous croyez ?

— Parbleu !

— Eh bien ! mon cher, vous vous trompez.

Champcarré regarda la Borghetta avec de grands yeux béants.

— Bah ! dit-il, serait-ce possible ?

— Cela est.

— Eh bien ! ma foi, tant mieux ! — Je reculais de jour en jour l'époque de ce mariage... Je ne sais trop pourquoi ; maintenant, mes ajournements auront un motif. — Tant mieux ! je le répète... — Mais quel est l'heureux mortel qui a su toucher le cœur de cette charmante pensionnaire ? quelque officier, sans doute ?...

— Elle a, je crois, peu de goût pour l'uniforme.

— Enfin, qui donc ?

— Raphaël !

Champcarré se mit à rire.

— Pauvre Cécile ! dit-il ; elle perd bien ses peines... Le vicomte est l'être le plus complètement blasé que je connaisse.

— En outre, je ne crois pas qu'il veuille se marier.

— Vous vous trompez encore. — Votre mariage manqué, il demandera immédiatement au général la main de sa fille.

— Le vicomte ?...

— Oui, mon ami.

— Vous êtes sûre de cela ?

— Parfaitement sûre.

— Et vous tenez ces détails ?...

— De Cécile elle-même.

Champcarré devint rêveur ; puis, après un moment de silence, il reprit :

— Mais si cela est, ma chère, c'est une spéculation honteuse que fait ce misérable. — Je ne veux pas obliger ma cousine à m'épouser ; mais je ne veux point que le vicomte l'épouse. Tu ignores donc, Borghetta, ce qui se passe depuis deux jours ?

— Non.

Le jeune homme lui raconta tout ce que les chapitres précédents ont appris à nos lecteurs, c'est-à-dire la part que San Colombano avait prise à la ruine de Brugnières, et peut-être à sa mort ; le rôle honteux qu'il jouait avec Surrey vis-à-vis de Lehmann ; enfin, il lui dépeignit la terrible scène du tripot et la part que son oncle avait prise à tout ce drame.

La baronne d'Elvino ne pouvait revenir de sa stupeur.

— Il n'y a pas un moment à perdre, dit-elle. Pauvre jeune fille ! il faut la prévenir, prévenir son père ; peut-être n'est-il déjà plus temps... Cécile n'aurait pas résisté !... O mon Dieu !... Oh ! les dernières paroles de Brugnières, je me les rappelle maintenant.

Champcarré éprouvait un grand embarras.

— Comment en sortirai-je avec le général ? se demandait-il. Pourrai-je jamais lui dire que sa fille aime un coquin et que je ne veux pas épouser Cécile ? La question est fort délicate...

— Je me charge de la résoudre, moi, fit la Borghetta.

— Quoi ! tu voudrais ?...

— Oui, mon ami... à une condition cependant...

— Laquelle ?

— C'est que tu ne chercheras pas à voir le vicomte pendant mon absence.

— Je le promets.

— Prête-moi donc ta voiture et ton cocher.

Champcarré fit atteler ses chevaux, et la Borghetta partit pour la rue de l'Estrapade.

À la hauteur du collège Louis-le-Grand, elle aperçut le vicomte qui, sa main droite dans sa poche et une petite canne dans sa main gauche, errait sur le trottoir d'un air infiniment rêveur.

Il était vêtu avec son élégance habituelle.

La Borghetta se rejeta vivement dans le fond de la voiture pour ne pas être vue.

A l'aspect de l'équipage bien connu de Champcarré, le vicomte tourna le dos et descendit à grands pas la rue Saint-Jacques. Puis il se dirigea du côté de son logis.

La Borghetta entra chez le général.

Selon l'antique habitude, ce fut Rouillard qui la reçut; mais, contrairement à l'habitude antique, il la reçut avec la plus gracieuse politesse.

— Ah! vous allez bien, madame? lui dit-il. Enchanté! madame... Votre visite nous fait z'un sensible plaisir... Cré nom! que je marronne que mon général ne soit point z'ici...

— Ah! M. de Vadans est sorti?

— Sacrebleu! oui, madame. — Toinon se porte toujours bien?

Toinon était le nom de la grosse cuisinière.

— A merveille, mon cher monsieur Rouillard; comme vous.

— Oui, il est de fait que je fais plus gagner z'au boulanger qu'au médecin, et j'ai plus d'appétit que de dévotion... Mais veuillez vous donner *celle* d'entrer; je vais prévenir mam'selle Cécile que vous voici.

— Il est inutile de la déranger. Indiquez-moi sa chambre; j'irai la trouver moi-même.

— Permettez-moi, madame, d'être *subsidiairement* votre *prédécesseur* dans l'escalier.

Rouillard *précéda* la baronne et vint frapper à la porte de Cécile.

A la vue de madame d'Elvino, la jeune fille poussa un cri de joie et vint se précipiter dans ses bras en murmurant:

— Oh! que vous êtes bonne! madame, d'être venue nous voir. Combien je vous remercie!...

Les deux femmes entrèrent dans la petite chambre que nous connaissons, et, après que Rouillard fut redescendu au rez-de-chaussée, elles allèrent s'asseoir toutes deux sur un divan placé auprès de la fenêtre.

Cécile s'aperçut alors pour la première fois de l'air sérieux de la baronne.

— O mon Dieu! dit-elle, auriez-vous quelque sujet de chagrin?

— Non, mon enfant, répondit affectueusement la Borghetta; mais je crois que vous vous êtes trop pressée de me remercier.

Cécile pâlit.

— Quoi donc? murmura-t-elle; est-ce que vous n'auriez pas réussi dans l'ambassade que... vous savez?

— Pardon! J'étais sûre de réussir.

Mademoiselle de Vadans respira.

— Oh! — balbutia-t-elle — je vous remercie toujours, quelle que soit la nouvelle que vous m'apportiez!...

— Attendez la fin! M. de Champcarré se résigne à ne pas vous épouser. Mais peut-être ne vous êtes-vous pas rendu compte exactement de la position de M. de San Colombano vis-à-vis de vous!...

— Comment! Veuillez, je vous prie, vous expliquer!

— Répondrez-vous franchement à toutes mes questions?

— Oui!

— Même à celles qui toucheront les... choses... les plus... délicates.

La Borghetta scanda toutes ces paroles avec un accent qui fit comprendre mieux sa pensée que les mots eux-mêmes.

— Oui! soupira Cécile en rougissant. Ai-je quelque chose à vous cacher, à vous qui êtes ma seule amie?

Et l'ardente jeune fille se jeta au cou de l'ancienne actrice.

La Borghetta reprit:

— Vous aimez toujours le vicomte?

— Oh! madame, plus que jamais!

— Je vous plains alors, mon enfant!

— Pourquoi donc?

— Je vous le dirai tout à l'heure; mais je poursuis: si l'on vous apprenait que cet homme ne vous aime pas véritablement. — qu'en vous épousant il ne fait qu'une spéculation... que penseriez-vous?

— Hélas, madame! je ne sais!...

— Vous devez cependant avoir quelque idée à cet égard.

— Aucune, madame; je pleurerais, mais je l'aimerais toujours.

La Borghetta était émue de cette tendresse naïve et profonde.

— Mais enfin, — continua-t-elle, — vous a-t-il dit qu'il vous aimait?

— Oh! madame j'ai huit lettres de lui; si vous voulez les lire, vous verrez combien il m'aime.

— Il vous a sans doute demandé quelque rendez-vous?...

— Il est entré une seule fois dans ma chambre.

La Borghetta frémit.

— Pendant la nuit? s'écria-t-elle.

— Oui! murmura la jeune fille, mais il m'a respectée comme il aurait respecté sa sœur...

Une éclatante rougeur colora ses joues. Elle n'osa point ajouter que c'était grâce au mal de dents du brave Rouillard qu'elle n'avait point succombé.

— C'est un grand bonheur, ma chère Cécile, car il y a entre vous et le vicomte... un abîme.

— Un abîme! fit sourdement la jeune fille.

— Oui! mon enfant. Mais vous sentez-vous assez forte pour écouter jusqu'au bout la confidence que j'ai à vous faire?

— Oh! oui, madame, achevez!... Dussé-je en mourir!...

— Et des larmes coulèrent lentement et une à une sur les joues de Cécile.

— Eh bien, dit solennellement la Borghetta, le vicomte est un chevalier d'industrie qui sera arrêté demain par ordre du préfet de police.

Cécile avait mal auguré de son empire sur elle-même. En entendant ces foudroyantes paroles, elle tomba à la renverse sur le divan et s'évanouit.

La Borghetta retint un cri près de jaillir de ses lèvres. Elle s'empressa d'ouvrir la fenêtre, puis elle dégrafa la robe de la jeune fille, et lui fit respirer un flacon d'éther qu'elle portait toujours sur elle.

Cécile ne tarda pas à rouvrir les yeux; mais la secousse avait été trop forte, elle tomba dans un état de somnolence voisin de l'engourdissement.

La Borghetta tremblait à chaque instant que quelqu'un n'arrivât pendant cette syncope qu'elle n'aurait pu expliquer d'une façon plausible.

Elle résolut d'employer pour faire revenir Cécile à elle un vieux moyen mélodramatique dont les romanciers vieux et nouveaux font un assez fréquent usage.

Elle approcha sa bouche de l'oreille de la jeune fille et cria:

— Raphaël!...

L'effet que ce nom produisit fut instantané et dépassa toutes les prévisions de l'actrice. — Cécile releva la tête et se mit sur son séant les yeux largement ouverts.

L'aspect de la Borghetta ranima ses esprits; de nouvelles larmes, plus abondantes que les premières, jaillirent de ses paupières.

— Vous pleurez, mon enfant, lui dit l'Italienne. Prenez garde que quelqu'un ne voie vos larmes.

— Vous avez raison, fit Cécile en s'essuyant les yeux.

Puis, elle ajouta :

— Oh ! comme il m'a trompée, le misérable !... Qui vous a donc appris tout cela, madame la baronne ? Est-ce bien vrai ?

— Trop vrai, mademoiselle. — Le vicomte est aux gages d'un usurier juif, qui ruine les jeunes gens assez naïfs pour écouter les insidieuses paroles de San Colombano.

— Pourquoi ne me l'avez-vous pas appris plus tôt ?

— Je ne le sais que d'aujourd'hui. Il a volé quatre cent mille francs à votre cousin, M. de Champcarré.

— O mon Dieu ! et lui qui, tout à l'heure encore, était au bas de ma fenêtre, lui qui me prodiguait les paroles les plus passionnées et les plus tendres serments !...

— Il ne vous aime pas, mademoiselle. — Il n'a plus assez de cœur pour aimer ! Prévoyant que les escroqueries de son complice allaient être découvertes, il voulait trouver chez vous un refuge, et mettre votre nom entre la justice et lui.

— Le lâche !... le misérable !... Et pourtant, je l'aimais ! Elle ajouta tout bas :

— Hélas ! et je l'aime encore...

— Ma triste mission est accomplie, ma chère enfant ; voilà ce que j'avais à vous dire ; me pardonnez-vous tout le mal que je vous ai fait ?

— Oh ! madame, je vous remercie de ce que vous m'avez dit ; vous m'aimez, vous !...

— Oui, mon enfant. Aussi, je compatis à votre malheur ; je me rappelle à cet égard un vieux vers de Virgile, qui sert d'épigraphe à un livre de ma bibliothèque, et qui signifie qu'ayant éprouvé moi-même toutes les misères, je sais pleurer sur celles des autres.

— Oh ! madame, je ne crois pas que vous ayiez été jamais aussi malheureuse que moi. Je n'existe plus, je n'ai plus de sang et plus de pensées, je ne vivrai pas longtemps, allez, madame. — Depuis que j'ai aimé je n'ai vécu que par mon amour, maintenant c'est fini... — J'ai un cancer au cœur ; on ne guérit pas ces maladies-là.

— Enfant ! vous ne souffrez que de regret, vous ne souffrez pas de remords, et l'ange gardien de la pudeur et de la virginité vous consolera.

Cécile baissa les yeux vers la terre. — Ses beaux yeux bleus, qui rayonnaient auparavant d'un éclat comparable à celui du ciel, étaient devenus d'une couleur sombre au reflet des pensées de cette jeune âme tourmentée par l'orage.

La Borghetta ne put s'empêcher de frissonner.

L'attitude de la pauvre enfant n'était plus une attitude humaine ; elle semblait être déjà sur le seuil de l'éternité, où les anges chantent, au milieu du silence de Dieu, les psaumes de l'infini.

XVI

Aveu.

Un bruit de pas se fit entendre.

Cécile se releva vivement, passa son mouchoir sur son visage après s'être regardée dans la glace :

— On ne voit pas que j'ai pleuré ? demanda-t-elle.

— Vos yeux sont encore un peu rouges, répondit la Borghetta.

— Peu importe ; je dirai que j'ai mal à la tête. Vous me promettez le secret, n'est-ce pas, madame ?

— Ne craignez rien, ma chère enfant, vous savez que je suis toute dévouée à vos intérêts. Je ne dirai rien qui puisse vous faire de la peine.

Cécile se jeta de nouveau au cou de l'actrice en balbutiant :

— Merci, madame. Seule je consommerai mieux mon sacrifice ; je ne veux pas que mon père le partage avec moi. Un quart de mon chagrin le tuerait.

Le général entra dans la chambre de sa fille.

Après les politesses d'usage, il annonça officiellement à la baronne le mariage de Cécile.

— Vous assisterez à cette fête, madame, dit-il ensuite ; vous voudrez bien dans cette occasion déroger pour une fois à vos résolutions de solitude.

La baronne fit un signe de tête qui ne voulait absolument rien dire.

— Cette pauvre Cécile, répondit-elle, voudrait bien ajourner encore ce mariage.

— Oh ! madame, je crois que vous vous trompez. J'ai eu avec elle une conversation décisive à cet égard. Elle accepte. N'est-ce pas, ma fille ?

— Oui, mon père ; mais j'ai lieu de croire que M. de Champcarré désire de son côté un ajournement.

— Bah !

— Cécile a raison, général. M. de Champcarré est en ce moment débordé par certaines affaires auxquelles il veut mettre ordre, par délicatesse, avant de se marier.

— Il ne m'en a jamais parlé.

— Il est des choses que l'on confie à une amie et que l'on n'ose avouer à un futur beau-père.

— Il s'agit d'une question d'argent ?

— Précisément.

— Sacrebleu ! M. de San Colombano m'a dit qu'il avait la passion du jeu.

La Borghetta ne put s'empêcher de prendre le parti de Champcarré.

— C'est une calomnie. Il est vrai que M. de Champcarré a joué... mais une seule fois... et d'après les instances du vicomte qui n'est autre chose.

— Oh ! madame !... fit Cécile.

— Pourquoi ne le dirais-je pas à votre père, mademoiselle ? San Colombano n'est autre chose qu'un chevalier d'industrie ?

— Ah ! bon Dieu ! fit le général. Et moi qui l'ai reçu chez moi ! Moi qui lui ai pris trente actions des soufrières de l'Hymalaya et qui ai accepté la place d'administrateur de sa compagnie. Dites-vous vrai, madame ?

— Oui, malheureusement trop vrai... général !

— Tonnerre !... quinze mille francs de fichus. Car ces soufrières sont probablement de la filouterie...

— Très-certainement.

— Rouillard ! Rouillard !...

L'ex-caporal apparut.

— Voilà, mon général ! dit-il.

— Donne-moi deux fleurets démouchetés et viens avec moi !

Rouillard tourna les talons.

Cécile se traîna aux genoux de son père en murmurant :

— Qu'allez-vous faire, mon Dieu ?

— Parbleu ! je vais châtier vertement ce drôle, ce fripon ! Je me moque encore de la somme qu'il me vole ; mais c'est mon nom que ce coquin a livré aux turlupinades des journaux et du public ! Sacrebleu ! tonnerre !... il ne sera pas dit que le général de Vadans aura laissé la moindre offense impunie !...

Cécile se redressa. Une suprême résolution brillait dans ses yeux.

— Vous n'irez pas, mon père ! On ne se bat point avec des gens pareils. On les livre à la justice et voilà tout.

La Borghetta sentait combien cette scène était douloureuse pour la jeune fille ; mais elle avait pensé qu'il valait mieux

LA BORGHETTA. 43

précipiter les crises que de les laisser se produire à divers intervalles, et devenir par là plus terribles. Aussi ne crut-elle pas devoir s'interposer.

Le général était furieux. Il n'écoutait point ce que lui disait sa fille.

— Je veux le tuer!... répéta-t-il. Le brigand!... abuser ainsi de l'hospitalité que je lui ai donnée!... Ah! gredin!...

— Voulez-vous m'entendre, mon père? reprit la jeune fille.

— Non! Je ne veux en faire qu'à ma tête! tonnerre! Il me semble qu'à mon âge je suis bien libre de mes actions.

Cécile s'élança vers la porte.

— Vous m'entendrez, reprit-elle avec une fermeté qui produisit sur le général un effet électrique. Vous m'entendrez, ou vous me tuerez avant de sortir d'ici.

M. de Vadans fit deux pas en arrière et regarda fixement sa fille.

Les yeux de Cécile brillaient d'un fauve éclat. Ses lèvres étaient plissées et tremblantes.

— Sacrebleu! tonnerre! dit le général qui ne trouvait plus de force que pour articuler ses deux jurons favoris.

— Etes-vous disposé à m'entendre, maintenant? balbutia la jeune fille.

— Oui! voyons... Qu'est-ce que tu veux me dire? Parle... tonnerre!... Je ne sais pas ce qui me serre le cou!... Allons!

— Eh bien! mon père, je vais vous expliquer mon opposition constante au mariage que vous projetez... Je n'aime pas mon cousin; et j'aime... ou plutôt j'aimais le vicomte!...

La foudre tombant à ses pieds n'eut pas plus atterré le vieux soldat; il chancela, il s'affaissa dans un fauteuil et ne put que balbutier ce mot :

— Malheureuse!

Deux grosses larmes roulèrent dans ses yeux. — Après quelques minutes de prostration silencieuse :

— Malheureuse!... répéta-t-il. Comment cela est-il arrivé?

— Est-ce qu'on peut expliquer ces choses-là? Je l'ai aimé et voilà tout. Aujourd'hui mon cœur est brisé! Les révélations que l'on m'a faites ont broyé mon âme. Jo ne sais si je survivrai au coup qui me frappe. Dans tous les cas, il ne faut plus songer à d'autres amours pour moi, et mon mariage est rompu...

Le général se leva sans mot dire. Il fit deux ou trois fois le tour de la chambre, puis il s'arrêta vis-à-vis de Cécile.

— J'espère, lui dit-il, que tu n'as pas souillé le nom que tu portes?

— Non, mon père! Oh! je vous le jure!...

— Alors, tout est bien. Demain, je donne ma démission de membre du sénat, et nous retournerons en Franche-Comté.

Puis, levant les bras au ciel il s'écria !

— J'ai été trop heureux dans ma vie, mon Dieu! Tu me gardais le malheur pour la fin de ma carrière. C'est justice. Les vieillards sont forts. Puis, je ne souffrirai pas longtemps! Ce matin j'avais soixante ans à peine; maintenant je suis centenaire! Il n'y a plus d'huile dans la lampe! Le vieil arbre est cassé! mon nom n'existe plus.

Rouillard rentra avec ses deux fleurets.

— Écoute, lui dit le général, nous avons longtemps vécu ensemble, mon ami, eh bien! je n'ai jamais souffert ce que je souffre en ce moment! Va me chercher le *Mémorial de Sainte-Hélène* et tu me liras la mort de Napoléon!...

La Borghetta fut épouvantée de cette douleur bizarre, presque calme, et qui ne s'était manifestée par aucun éclat.

— Voilà une famille sur laquelle plane la mort, pensa-t-elle.

Cette fois, elle s'interposa.

— Général, dit-elle au vieillard, je ne suis qu'une femme; mais j'ai plus souffert que vous, qui êtes fort. Orpheline, je n'ai pas sû garder sans tache mon nom, ce nom sacré que vous avez connu. — Le malheur qui vous frappe est pur. Il faut vous roidir contre ses coups. Tout le monde saluera votre vieillesse. Laissez le deuil inconsolable à ceux qui pleurent sur leur honneur évanoui. Me comprenez-vous, général?

— Oui, madame; vous êtes bonne, et quel qu'ait été votre passé, je vous estime; mais j'ai un tempérament fait ainsi. Tenez, mon père est mort à soixante ans. Il n'avait jamais été malade de sa vie. Au premier choc, il est tombé! Je suis comme lui; je mourrai tout d'une pièce.

— Si vous mouriez, général, Cécile mourrait aussi; songez qu'elle n'a plus que vous au monde!

La Borghetta se leva pour prendre congé de ses hôtes affligés.

— Oh! madame, murmura Cécile à voix basse, restez encore avec moi. Si je me trouvais seule avec mon père, je mourrais.

— J'emmènerai votre père, fit l'actrice sur le même ton.

Et s'adressant au général, qui restait enseveli dans son fauteuil, la tête cachée entre ses mains, elle lui dit :

— Voulez-vous que je vous donne un conseil?

Le général releva la tête :

— Oui, madame, certainement.

— Eh bien! montez en voiture avec moi; le grand air vous fera du bien. Puis je vous parlerai d'une idée qui m'est venue à l'esprit relativement à ce... chevalier d'industrie.

M. de Vadans était incapable d'une résolution. — Mille projets confus roulaient dans son esprit.

Il se leva donc machinalement.

— J'irai où vous voudrez, madame, dit-il... Je suis comme un aveugle. Conduisez-moi où bon vous semblera.

— Avant de partir, est-ce que vous n'embrassez pas votre fille?

Le général hésitait.

Cécile se jeta à son cou :

— Embrasse-moi, mon père, lui dit-elle en sanglottant. Je suis plus malheureuse que toi...

C'était la première fois que Cécile tutoyait son père.

Emu par cet accent, le général sentit sa colère se fondre en pleurs. Il prit sa fille entre ses bras, et l'embrassa avec une ardeur toute juvénile.

— Je te pardonne volontiers, mon enfant, dit-il. Tu n'es pas coupable... — On ne peut mettre un verrou à son cœur. Mais va, c'est fini. Nous vivrons pour nous seuls... avec Rouillard, là-bas en Franche-Comté... Tiens, tu es si jeune, si plus tard ce souvenir maudit s'éloigne de ton cœur... c'est bien... nous pourrons encore avoir quelques beaux jours...

Rouillard, muni de son *Mémorial*, était de retour. Il assistait à cette scène touchante, mais sans y rien comprendre; néanmoins, comme le général pleurait, il crut devoir pleurer aussi. — *comme une vache*, suivant l'expression trivialement pittoresque de Rabelais.

Mais quand il vit le général sortir avec la baronne, il ne put retenir les marques de son étonnement.

— Allons, murmura-t-il entre ses dents, tout le monde devient fou z'ici!... on me demande des fleurets... *nisko*!... on me demande un livre... *macache*!... Je vais remettre le livre auprès des fleurets.

M. de Vadans et madame d'Elvino montèrent dans la voiture de Champcarré.

— Où me conduisez-vous? demanda-t-il négligemment.

— C'est à l'honneur de votre nom que vous tenez le plus; général?

— Certainement.

— Eh bien! il faut aller faire d'abord à la préfecture de police votre déclaration.

— C'est juste. Je dirai au préfet que je n'ai jamais eu rien de commun avec ces fripons, qui espéraient s'abriter sous mon honorabilité, et qui me réservaient le sort du malheureux Cubières. Scélérats! Oh! si je puis trouver ce vicomte, ce muscadin... Je n'ai rien dit à Cécile; mais je lui casserai bien sûrement ma canne sur le dos.

La Borghetta ne crut pas devoir combattre cette résolution, qui paraissait fortement ancrée dans l'esprit du vieux soldat. Elle se contenta de lui faire observer que la justice flétrissait bien plus un coupable que les étrivières, et que le vicomte aurait probablement maille à partir avec dame Thémis.

— Du reste, ajouta-t-elle, Champcarré a des griefs plus graves que les vôtres contre le vicomte, et c'est à lui qu'il appartient de le corriger le premier, dans le cas où la justice trouverait convenable de l'épargner.

Le général ne répondit point.

— Ensuite, dit-il, j'écrirai une lettre aux journalistes. Ces folliculaires se feraient un malin plaisir de jeter mon nom aux chiens de la satire. Puis, je quitterai Paris. Oh! l'abominable ville!...

Ils arrivèrent devant l'hôtel de la préfecture.

Le préfet venait de rentrer.

— En vérité, dit-il, lorsque M. de Vadans lui eut expliqué le motif de sa visite, vous ne pouviez mieux tomber. Je sors de chez Lehmann.

— Qu'est-ce que ce Lehmann?

— C'est le prête-nom du fameux Triel. C'est lui qui a émis les actions des soufrières.

— Et vous n'avez pas fait arrêter ce gredin?

— Il est gardé à vue. Mais j'ai eu toutes les peines du monde à trouver une cause légale à cette sorte d'arrestation; ses registres sont en très-bon ordre, et, si je ne savais le contraire, tout porterait à croire que ces vols sont l'œuvre d'un certain Triel, qui n'était d'ailleurs que son fondé de pouvoirs, son homme d'affaires.

— Pourrai-je être remboursé?

— La liquidation s'élève en faveur de Lehmann à une somme de plusieurs millions, réalisables tout de suite. Ce juif avait près de deux cent mille francs de rente 4 1/2 sur l'État.

— Tout est séquestré?

— Oui, pour le moment. Quand on aura fait les restitutions légitimes, on poursuivra Lehmann. — On a trouvé pour près de quinze cent mille francs de billets souscrits à une échéance fort rapprochée. M. de Champcarré lui seul en est pour trois cent soixante mille francs.

— Et tout cela est le produit de manœuvres infâmes! c'est la ruine d'une foule de fils de famille, dont les mères pleurent en province. Ah! monsieur le préfet, vous ne trouvez pas dans tout cela motif à arrestation?

— Légalement, non. Cependant, les preuves s'accumulent, et j'espère être bientôt en mesure de réclamer du parquet un mandat d'amener contre cet individu.

— Personne autre que Lehmann n'est impliqué dans cette affaire?

— Je soupçonne le vicomte Raphaël de San Colombano d'avoir agi de complicité avec Lehmann; mais les preuves manquent encore plus à son égard.

— C'est lui, le misérable, qui s'est emparé de mon nom pour patroner l'entreprise de ce juif.

— C'est sans doute lui aussi qui vous a fait prendre vos actions?

— Oui, monsieur le préfet. Et ce qu'il y a de plus affreux là-dedans, c'est que mon domestique en a pris quatre. Est-

ce assez vil? Je ne lui en ai pas parlé, car, si ces actions étaient perdues, je lui rembourserais moi-même ses deux mille francs.

— Je prends acte de ce que vous m'apprenez, général; cela constitue en effet un acte de complicité.

Le préfet écrivit la déclaration de M. de Vadans et lui passant la plume:

— Veuillez signer, lui dit-il.

— Des deux mains si vous voulez, fit le général.

— Et il apposa au bas de son nom un énorme paraphe.

Puis il prit congé du préfet et alla rejoindre la Borghetta qui l'attendait dans la voiture.

— Allons chez Lehmann, dit-il.

— Rue Joquelet, fit l'actrice en se penchant à la portière et en s'adressant au cocher.

Quelques minutes après ils arrivaient à leur destination.

La silencieuse maison du juif avait pris un air d'animation singulière. — Des hommes affairés couraient dans les escaliers avec d'énormes portefeuilles sous le bras. Il semblait que la maison Lehmann fût devenue une succursale de la Bourse.

Lorsque le général entra dans la cour, il fut obligé de se frayer un passage au milieu des curieux et des intéressés qui formaient la haie autour de la cage de l'escalier, et venaient avec les divers sentiments qui agitent toutes les foules, assister à la ruine d'une maison considérable.

Les chuchotements augmentèrent à son passage.

— Encore un enfoncé, disaient quelques courtiers de commerce.

— On dit qu'on paye, fit un autre.

— Bah! le vingt-cinq pour cent.

— Lehmann a gardé un bon sac, vous pouvez y compter.

Le général n'écouta point tous ces propos. Après quelques minutes d'antichambre, il fut introduit dans le somptueux cabinet de travail que nous connaissons.

Sept ou huit employés de la Banque de France, la plume sur l'oreille ou dans les doigts, compulsaient de vieilles archives, feuilletaient des documents, faisaient le dénombrement des actions et classaient les autres valeurs industrielles.

L'un d'eux se tenait à la caisse.

Le général lui remit ses titres entre les mains.

— Très-bien, fit le caissier après avoir pris connaissance des actions et reporté leurs numéros. Je vais vous rembourser au pair; seulement je dois vous prévenir que vous perdrez sans doute les intérêts.

— Peu m'importe! dit le général: Je suis content de ne perdre que cela.

Cette somme touchée, le général remonta en voiture et retourna chez lui.

Rouillard l'attendait dans le vestibule.

— Mon général, lui dit-il, M. de Champcarré est là; il désire vous parler.

XVII

La flèche de Moustache.

Il y avait à peine une demi-heure que la Borghetta avait quitté Champcarré pour se rendre chez le général, lorsque le vicomte monta tout en sifflotant l'escalier de son appartement.

Sur le palier, il rencontra le valet de chambre de son ex-ami.

— Votre maître n'est pas chez lui? demanda-t-il.

— Pardon, monsieur le vicomte, il y est, répondit le laquais.

— Diable, pensa Raphaël, on me cache quelque chose; je suis sûr d'avoir rencontré sa voiture...

Il ajouta à haute voix :

— Il est visible, alors?

— Mais... monsieur le vicomte, je ne sais, je crois que oui... Si monsieur le vicomte veut entrer, j'aurai l'honneur de l'annoncer.

San Colombano désirait avoir le cœur net à cet égard. Il entra donc sur les pas du domestique.

Son étonnement fut grand, lorsqu'il aperçut Champcarré étendu sur son divan en déshabillé du matin et fumant avec la gravité d'un pacha.

— Ma foi, dit-il, je ne croyais certainement pas te rencontrer chez toi à cette heure?

A l'aspect du vicomte, le sang de Champcarré, comme on dit vulgairement, *n'avait fait qu'un tour*. Il se dressa sur son séant, le coude appuyé au dossier d'un fauteuil placé auprès du divan.

Une foule d'idées confuses roulaient dans son cerveau; il aurait voulu pouvoir cracher son indignation au visage du misérable; mais un scrupule le retint.

— Attaquons-le d'abord par l'ironie, pensa-t-il.

Et tout haut :

— Je suis heureux que tu songes encore un peu à moi, mon cher Raphaël, dit-il. Je m'ennuie horriblement quand je suis seul.

— Ah! ah!... Et l'idée de ton prochain mariage n'est donc pas capable de te distraire?

— Ma foi, non, mon cher; d'autant plus que ce mariage est rompu définitivement.

— Bah!

— Et tu sais bien pourquoi, continua Mathieu.

Un nuage d'inquiétude passa sur le visage du vicomte; mais remarquant l'air de profonde indifférence avec lequel Champcarré parlait de cette rupture, il essaya un sourire.

— Est-ce qu'on aurait fait des indiscrétions? demanda-t-il.

— Ah! répliqua Champcarré d'un air moitié sérieux, moitié plaisant, je ne te pardonnerai jamais le tour pendable que tu m'as joué!

— Quel tour? Que veux-tu dire?

— Comment! tu me coupes l'herbe sous les pieds, et tu ne sais pas ce que je veux dire!

— Quand cela serait, mon cher, fit le vicomte avec aplomb. Ce ne serait que de justes représailles. Tu m'as *soufflé* Moustache, je t'en *souffle* une autre...

— Avoue que ce n'est pas la même chose; car on m'a dit que tu recherchais Cécile... pour le bon motif.

— Et qui donc t'a dit cela?

— La baronne d'Elvino.

— Sacrebleu! voilà une dame qui me fera tourner la tête. Elle sait tout ce qui me concerne et moi je ne me rappelle pas seulement son visage.

— A-t-elle dit vrai?

— A peu près.

— Cela suffit. Tu épouses donc Cécile?

— J'ai son consentement, mais ce n'est pas tout, il faut celui du père.

— Tu crois qu'il te le donnera?...

— Nous ferons en sorte de l'obtenir.

— Et de quelle façon t'y prendras-tu?

— Ce serait déjà fait, si cet imbécile de Rouillard ne m'avait empêché d'arriver à mon but.

Raphaël fit une série de gestes qui expliquaient suffisamment ce qu'il voulait faire comprendre. Le jeune homme frémit.

— Brave Rouillard! pensa-t-il.

— C'est, continua le vicomte, un moyen usé mais qui réussit toujours. Le général m'aurait certainement forcé, le pistolet sur la gorge, à épouser sa fille si elle eût commis une faiblesse... ayant des suites.

— Tu es un vrai Machiavel, mon cher Raphaël; mais enfin, quelle mouche t'a donc piqué? Toi à qui le mariage répugnait si fort, tu te résignes donc à troquer ta liberté d'homme à bonnes fortunes contre la dépendance de mari d'une jeune fille dont le père t'obligera à subir tous ses caprices?

— Il y a temps pour tout, mon cher.

— Tu aimes Cécile?

— Bah! est-ce qu'on se marie, parce qu'on aime? C'est bon pour les courtauds de boutique qui lisent les romans élégiaques... — L'amour dans le mariage est une austère absurdité qui n'a jamais existé que dans le cerveau des basbleu sur le retour. Le mari n'en restera pas moins l'homme à bonnes fortunes.

Champcarré contint encore son indignation et poursuivit :

— Mais, puisque tu n'aimes pas Cécile, c'est pour son argent que tu veux l'épouser.

— Ma foi, le mot est lâché!...

— Je crois, mon cher, que tu t'abuses un peu à cet égard. Un homme qui possède comme toi plus de quarante-cinq mille livres de rentes pourrait viser plus haut, car Cécile n'est pas riche.

— Bah!

— Son père ne lui donnera pas plus de cinq ou six mille livres de rentes.

— Eh! mon cher, c'est bon à prendre; mes capitaux sont engagés dans des spéculations assez... hasardeuses, et six mille francs par an constituent une modeste aisance... — puis le général est influent; il me pourvoira d'une bonne sinécure qui doublera tout au moins mes revenus.

Cette cynique explication fit monter le rouge au visage de Mathieu.

— A propos de spéculations, dit-il d'un ton qu'il essayait de rendre calme, mais qui commençait à se hausser jusqu'à l'octave de l'émotion, tu sais sans doute ce qui vient d'arriver à Lehmann?...

— Quoi donc? fit le vicomte devenu tout pâle.

— Diable! mon cher, ne pâlis pas de cette façon; je vais croire que la nouvelle t'intéresse beaucoup trop.

— Parbleu! tu sais bien que mes capitaux sont entre les mains de Lehmann!

— Tu m'avais dit que c'était entre celles de Triel.

Raphaël se mordit les lèvres.

— C'est la même chose, répondit-il. Lehmann est le représentant de Triel.

— Le bruit court que Lehmann et Triel sont une seule et même personne.

— Ah! fit le vicomte.

Et une pâleur plus grande encore envahit son visage.

— Oui! mon cher Raphaël, poursuivit Mathieu. On ajoute même que Surrey est arrêté comme complice d'un assassinat et qu'il a dénoncé toutes les fraudes de ce Lehmann qui est ton ami.... On cherche en ce moment les preuves qui peuvent motiver un mandat d'amener contre ledit Lehmann.

La pâleur du vicomte devint de plus en plus livide.

— Il faut que j'aille le trouver! — balbutia-t-il!... — nécessairement... Et mes fonds qui sont entre ses mains!...

Champcarré le retint en souriant.

— Inutile, mon cher. Lehmann est gardé à vue par deux agents de police. — Il ne voit personne, à plus forte raison ses...

— Quoi donc? achève...

— Ses... commettants.

Raphaël se leva de son siége; il se mit à marcher à grands pas dans le salon, avec beaucoup d'agitation.

— Est-ce vrai, bon Dieu, dit-il en se frappant le front? est-ce bien vrai?...

— Rien n'est plus vrai, mon cher. On soupçonne même une certaine personne... du monde, d'avoir agi de complicité avec Lehmann pour ruiner plusieurs jeunes gens, notamment ton serviteur.

San Colombano s'élança vers la porte.

— Il faut absolument que je voie Lehmann! répéta-t-il.

Champcarré le retint.

— Pourquoi donc, mon cher ami, cela est-il si nécessaire? — demanda-t-il en redoublant de bienveillance apparente. — Je croyais que tu avais assez de confiance en moi pour ne rien me cacher de toutes tes tracasseries.

— C'est mon argent, te dis-je... c'est mon argent qui m'inquiète...

— Inutile de te presser, mon cher, on te remboursera. La Banque de France met en ordre les affaires de Lehmann.

— Mais de quoi donc est-il accusé?

— Comment! tu ne le sais pas?

— Non!

— Toi qui est l'*alter ego* de cet Israélite.

Le vicomte jeta sur le jeune homme un regard hautain que celui-ci soutint sans sourciller.

— Je comprends, mon cher Raphaël, continua-t-il, que cette catastrophe te peine. Tu étais si bien avec ce pauvre Lehmann; mais, changeons de sujet. Parlons encore un peu de ton mariage. — Crois-tu qu'il ne soit pas subordonné plus ou moins à la liquidation Triel?

San Colombano venait de remarquer pour la première fois l'ironie qui se glissait sous les paroles du jeune homme, néanmoins il ne crut pas devoir encore rompre en visière.

— Pourquoi cela? demanda-t-il.

— Est-ce que je sais? C'est une idée qui me vient, voilà tout. Comme c'est toi qui as donné au général ses trente actions, il est possible qu'il se figure que tu es mêlé à ce tripotage. — Dans tous les cas, ces actions ne seront pas pour toi une recommandation bien forte aux yeux du général.

Cette fois, il n'y avait pas à se méprendre au ton de Champcarré. L'ironie ne s'était pas donné la peine de se mettre un voile; elle était évidente.

— Je crois que tu me railles! fit sérieusement le vicomte.

— Bah! moi je ne le crois pas, repartit Champcarré d'un air extrêmement tranquille. Entre nous ces choses se tolèrent. Tudieu! si tu le prenais sur ce ton, je parviendrais véritablement à croire que tu es le complice que l'on cherche...

Un flot de sang remonta du cœur au visage de San Colombano.

— Quand il s'agit d'honorabilité, dit-il, je ne donne à personne le droit d'élever sur mon compte le moindre soupçon... — Je ne tolère pas les appréciations...

— Bah! mon cher, il arrive des moments dans la vie où l'on est apprécié selon le poids que l'on pèse; quand bien même on se serait longtemps efforcé d'échapper à tout contrôle... pour une raison quelconque.

— Et quelle est la raison, crois-tu, qui me fait ne pas vouloir de cette appréciation?

— Tu crains, sans doute, mon bien cher ami, d'être trouvé dans la balance trop léger ou trop lourd.

— Je ne comprends rien à ce langage amphigourique; seulement fais-moi le plaisir de me dire si tu as l'intention de m'insulter?...

— J'ai précisément cette intention, mon très-cher.

San Colombano recula d'un pas, et plaçant son lorgnon dans son arcade sourcillière, il regarda le jeune homme avec une impertinence qui équivalait à un soufflet.

— Qui êtes-vous donc, monsieur le provincial, dit-il d'une voix cassante, pour vous permettre l'insolence vis-à-vis de moi?

A cette hyperbole d'aplomb, Champcarré sentit éclater sa colère si longtemps contenue.

Il saisit dans ses deux mains de fer les deux poignets du vicomte.

— Ah! misérable! s'écria-t-il, tu me demandes qui je suis? Mais je ne te répondrai qu'en te disant qui tu es!... escroc!... voleur!... gentilhomme de contrebande, qui as pris ton titre dans le ballot d'un colporteur italien!... Tu me demandes qui je suis? Ah! je ne te ressemble pas, Dieu merci!... Je suis un honnête homme, et tu n'es qu'un fripon! Il y a trois mois que je le sais. Il y a trois mois que tu viens autour de moi répandre tes flatteries hypocrites, tartuffe de l'amitié!... Il y a trois mois que je grave toutes tes paroles et tous tes mensonges dans mon cœur pour te les renvoyer en imprécations, vil coquin!... Quoi!... ma main a serré la tienne!... tu as osé m'appeler ton ami! et tu cherchais à me ruiner, larron! comme tu as ruiné Brugnières qui est mort en te pardonnant. Quoi! tu aurais voulu jeter le déshonneur dans une sainte et noble famille, toi qui ne serais pas digne d'une créature tirée d'un bagne... brigand!... Tu n'as pas même eu le courage de ton métier; tu n'es pas venu à moi un pistolet à la main en me disant: la bourse ou la vie! Non; tu es trop lâche!... et je veux t'infliger le seul châtiment qui convienne aux lâches...

Champcarré détacha une cravache pendue à la muraille et il en frappa deux fois le visage de San Colombano.

Celui-ci poussa un rugissement de douleur et de rage.

— Voilà tes armes, misérable! s'écria-t-il.

— Vis-à-vis de toi, lesquelles veux-tu que je prenne?

— C'est vrai. Tu n'es pas gentilhomme!...

— A ta façon, non...

— Ni d'une autre non plus; mais je ne serai pas toujours désarmé. Demain, au *carrefour d'Armenonville*, à six heures du matin.

Champcarré se mit à rire:

— Moi, me battre avec toi?... Jamais.

— Tu te battras...

— Qui donc m'y forcera?

— Moi.

— Toi?

— Oui.

San Colombano tira de sa poche une lettre qui avait été adressée à Moustache par un sieur Verlux, correspondant de Lehmann en Franche-Comté.

— Lis, bâtard! rugit le vicomte...

Aux premières lignes de la lettre, Champcarré pâlit.

— Eh bien! dit Raphaël, un bâtard peut-il se battre avec moi?

Pendant quelques secondes, le jeune homme fut plongé dans un état de torpeur voisin de l'évanouissement.

Il releva la tête.

— Qu'importe? dit-il... Ce bâtard est honnête; il ne croisera pas le fer avec un fripon. Sortez d'ici, monsieur; autrement je renouvellerais les étrivières que vous venez de recevoir. Sortez, vous dis-je!

Le vicomte, les bras croisés, la figure sanglante, jeta sur Champcarré un tranquille regard.

— Recommencez, si vous voulez, monsieur, lui dit-il. Assassinez-moi chez vous, si c'est votre bon plaisir ; mais je ne sortirai pas d'ici avant de vous avoir fait entendre combien je vous méprise et combien vous êtes lâche. Je ne vous ai pas seulement dit que vous êtes un bâtard, remarquez la distinction, je vous dis que votre mère est une...

Le jeune homme rugissant se précipita vers lui :

— Oh ! tais-toi !... cria-t-il.

Raphaël ne tint pas compte du mot et du geste de Champcarré. Il acheva sa pensée :

— Une femme perdue !... — ajouta-t-il, — et cette suprême injure ne peut vaincre votre lâcheté et vous décider à vous battre !

— Silence ! hurla Mathieu, silence !... Je me battrais maintenant avec un forçat.

— Je vais chercher mes témoins, reprit San Colombano ; mais, comme je ne puis vous rendre en ce moment ce que vous m'avez donné, recevez ceci comme à-compte.

Et, tandis qu'une de ses mains touchait le bouton de la porte, il cracha au visage du Franc-Comtois et disparut avec rapidité dans l'escalier.

Un instant Champcarré crut qu'il allait devenir fou.

Il se rua sur la porte, se roula sur les tapis de la chambre, brisa dans sa fureur les glaces et les meubles qui l'entouraient.

— Oh ! je ne l'ai pas tué !... criait-il !... le misérable !... moi, bâtard !... Il m'a craché au visage !...

Au bout de quelques minutes, cette frénésie épileptique se calma ; il se replaça sur son divan. — L'abattement suivait le spasme nerveux qu'il venait d'éprouver.

Il réfléchit à ce qu'il lui restait à faire.

Ces réflexions le conduisirent à cette pensée qu'il ne devait point avertir son oncle de ce qui se passait, de peur qu'il ne s'opposât à son duel avec San Colombano.

En conséquence, il écrivit cette lettre qui ne devait être remise au maître d'armes que le lendemain :

« Mon oncle,

« Je me vois forcé de me battre. Rien au monde ne pourra faire changer ma résolution. Il est de ces insultes qui ne peuvent être vengées que par ceux qui les reçoivent.

« Mon adversaire est le vicomte.

« Si vous ne me voyez pas revenir aujourd'hui à dix heures, venez au carrefour d'Armenonville, vous aurez de mes nouvelles.

« Je serai peut-être tué. — Dans ce cas, consolez mon père et madame d'Elvino, et dites à ma mère que je lui pardonne sa naissance.

« Je vous ai déjà pardonné. »

Après avoir cacheté cette étrange missive qui prouvait que M. Verlux, renseigné par les papiers du docteur Brochet, avait dit l'exacte vérité à la vindicative Moustache, Champcarré s'habilla et remit la lettre à son valet de chambre.

— Demain matin, lui dit-il, quand M. Leroux viendra, vous lui donnerez ceci.

— Bien, monsieur, répondit le valet.

Champcarré descendit ensuite et fit seller son cheval ; puis il se rendit chez le général où il espérait trouver deux témoins.

Ainsi que nous le savons, M. de Vadans était sorti avec la Borghetta et n'était point encore revenu.

En l'attendant, Champcarré profita de la conversation instructive du sieur Rouillard ; mais, malgré les instances de celui-ci, il ne voulut pas monter chez Cécile.

Lorsque le général revint, Mathieu lui exposa le but de sa visite.

— Ah ! jeune homme, fit le vieillard, vous ne pouviez me dire quelque chose qui me procurât véritablement plus de plaisir, au milieu du malheur qui m'accable. — Rouillard et moi, nous vous servirons de témoins.

XVIII

Le Carrefour d'Arménonville.

Le lendemain, vers cinq heures et demie du matin, l'équipage de Champcarré toucha à la rue de l'Estrapade.

Le général et Rouillard montèrent en voiture.

M. de Vadans avait pour cette occasion repris toute son ardeur juvénile. Il s'était levé à quatre heures ; — depuis une heure et demie il se promenait de long en large avec impatience devant la porte de sa maison.

Quant à Rouillard, il avait passé tout ce temps à essayer de s'introduire dans une paire de gants. — Lorsque la voiture arriva, il ne lui en restait plus qu'un seul à mettre, mais, il faut rendre cette justice au brave soldat, le premier avait dû crever.

— Avez-vous tout ce qu'il vous faut ? demanda le général, en s'adressant à Champcarré.

— Oui ! répondit le jeune homme après avoir serré la main de M. de Vadans, — j'ai des épées et des pistolets. Le vicomte choisira.

Rouillard remarqua avec le plus grand plaisir que, pour un *civil* qui en était à son premier duel, Champcarré ne paraissait nullement ému.

— Vous êtes un brave, *monsieur*... lui dit-il, et j'espère... je devais dire que je suis *intimement* convaincu que vous lui planterez ça en douceur ! Un coquin qui voulait *enduire* mam'selle Cécile en erreur, pour tant qu'à ce qui est de l'hymenée !... Et qui n'a pas même *l'escrupule* de vouloir voler z'un pauvre homme comme moi... brigand !... Si vous le manquez !... as pas peur ; je me charge de sa direction.

— Silence, Rouillard, fit le général ; nous nous entendons.

La voiture partit au grand trot.

Elle ne mit pas tout à fait une demi-heure pour arriver au bois de Boulogne.

A l'entrée de la *route des Érables*, les trois hommes mirent pied à terre.

— Écoute, dit le jeune homme à son cocher, si tu vois arriver quelqu'un de suspect, tu viendras immédiatement nous prévenir.

— Vous allez au *carrefour d'Armenonville*, monsieur ?..

— Oui.

— Alors c'est bien, répondit laconiquement le cocher.

Les trois hommes prirent l'avenue qui aboutit au carrefour.

Un léger brouillard, que le soleil criblait de trous lumineux, flottait au sommet des arbres et tourbillonnait en fumée grisâtre fouettée par un vent assez vif.

L'air était frais. Tout vivait au milieu de cette pure atmosphère des jours d'été qui, à l'aurore, sont encore imprégnés des parfums que la nuit fait éclore dans la rosée.

— Beau temps pour se tuer ! fit le général.

— Plus encore pour tuer les autres, ajouta Rouillard.

— Croyez-vous, mon cousin, que votre adversaire soit déjà au rendez-vous ?

— Je n'ai entendu aucun mouvement chez lui ce matin.

— Il a eu peur qu'on ne l'arrêtât ; il a couché chez un de ses témoins sans doute...

— Je le crois, général.

Ils arrivèrent au lieu indiqué.

Deux personnages s'y trouvaient déjà.

Voyant que Champcarré était seul avec ses deux témoins, l'un d'eux entra dans le bois et quelques secondes après, ils reparurent avec le vicomte.

Craignant sans doute que Champcarré ne lui eût tendu un piége et n'eût amené la police avec lui, San Colombano n'avait pas osé se montrer avant d'être sûr que le combat ne serait point interrompu par l'intervention des agents.

Il vint donc au-devant de son adversaire.

Sa figure était horriblement pâle, mais la résolution brillait dans ses yeux. Champcarré remarqua que ses joues tuméfiées gardaient, comme une ligne rougeâtre au milieu de leur pâleur, la cicatrice de sa cravache.

A l'aspect du vicomte il détourna les yeux et s'avança du côté des témoins.

C'étaient MM. de Pen-Goët et de Barloy.

Ils saluèrent froidement le jeune homme; celui-ci leur rendit un salut non moins froid.

— Vous savez ce qui s'est passé? leur dit-il.

— Oui! répondit Barloy. Nous savons que M. de San Colombano a été insulté gravement par vous et que cette insulte ne peut être effacée que par le sang.

— Je nie avoir insulté M. de San Colombano; je l'ai corrigé, voilà tout; c'est lui qui m'a insulté.

— Bâtard! s'écria le vicomte, qui grinçait les dents et dont la colère s'était maintenue au diapason de la veille; bâtard, est-ce que tu voudrais reculer maintenant?...

Le général s'avança vers le vicomte:

— Monsieur, lui dit-il avec une indignation concentrée, M. de Champcarré n'a nullement l'intention de reculer, mais dans tous les cas vous trouveriez à qui parler ici...

Rouillard s'avança à son tour.

— C'est évident, monsieur, dit-il... J'aurais moi-même quelque plaisir à vous *immiscer* cinq ou six pouces de fer dans les côtes... — S'il ne fallait pour cela qu'un soufflet, vous n'auriez qu'à me le dire, je vous l'offrirais avec volupté.

San Colombano ne daigna pas répondre à Rouillard.

Il s'approcha du général.

— Monsieur, lui dit-il, je ne me battrai pas avec vous qui pourriez être mon aïeul; seulement je vous donnerai un petit conseil. Mademoiselle votre fille a beaucoup trop lu *Daphnis et Chloé*, et la fenêtre de sa chambre est beaucoup trop rapprochée de certain mur...

— Comment, misérable! aurais-tu l'impudence de prétendre...

— Je ne veux pas mentir... mais sans ce Rouillard qui a eu mal aux dents, ma foi! mon cher monsieur, on ne sait pas ce qui serait arrivé... Demandez à ce garçon boucher.

Rouillard, en s'entendant appeler garçon boucher, s'avança tout rouge de colère sur le misérable.

— Garçon boucher, soit, dit-il, car j'avoue que je vous saignerais avec plaisir!

La scène tournait à l'ignoble.

Le général s'adressa aux témoins:

— Je ne vous connais pas, messieurs, dit-il avec beaucoup de calme, mais je vous plains de servir de seconds à ce chevalier d'industrie qui vient ici jeter à la face d'un père de famille, d'un soldat honnête, l'insulte la plus infâme... — Si vous avez de l'honneur, messieurs, vous savez ce qui vous reste à faire.

Pen-Goët s'adressa au vicomte:

— Monsieur, lui dit-il, vous agissez moins en gentilhomme qu'en manant; — je serais fier de serrer la main de votre adversaire. — Quant à vous, j'avoue que vous me faites honte!...

Barloy parla dans le même sens.

Il ajouta que s'ils consentaient à l'assister, c'était pour que rien ne s'opposât au combat; mais qu'ils souhaitaient que la chance fût du côté de Champcarré.

Et ils s'éloignèrent du vicomte.

Celui-ci s'imaginait sans doute que l'issue du combat ne pouvait lui être fatale; aussi ne ménagea-t-il plus rien; espérant se venger à son tour de ses deux témoins.

— Que m'importe votre opinion! s'écria-t-il. Vous êtes tous des niais, des imbéciles ou des fous... — Je ne regrette qu'une chose en ce moment, c'est que vous ne soyez pas tous devant mon épée dans la personne de ce drôle de provincial dont la mère...

La main de Rouillard étrangla dans le gosier de Raphaël l'injure ignoble qui allait en sortir.

— Fripon, — dit l'ex-caporal, — si tu ajoutes un seul mot, ton duel n'aura pas lieu; je *te serre la vis* de telle façon que ta vilaine âme s'en ira tout droit chez le diable!

San Colombano râlait.

— Ajouteras-tu encore quelque chose? reprit Rouillard. Réponds vite, sinon je serre...

Champcarré s'interposa.

— Lâchez-le! s'écria-t-il.

Et s'adressant au vicomte, il poursuivit:

— Vous prétendez avoir été insulté; c'est donc à vous à choisir les armes. Décidez!

San Colombano avait une boîte de pistolets ouverte devant ses pieds et deux fleurets démouchetés.

— Prends un fleuret! dit-il. Et songe à bien te tenir, je ne te ménagerai point, et après toi... un autre.

Champcarré ramassa le fleuret.

Aux premières passes, tous les spectateurs s'aperçurent que les leçons particulières du compère Leroux avaient profité à son neveu.

Il parait avec aisance et habileté les bottes savantes et furieuses du vicomte.

— Tudieu! ce coquin manie bien l'épée! fit Rouillard qui ne regardait que San Colombano.

— Mon cousin est plus fort, répondit le général avec orgueil.

Bientôt les sentiments divers qui agitaient les spectateurs de cette scène firent place à un sentiment unique, fiévreux, dévorant: l'attente, la curiosité.

Jamais ils n'avaient assisté à un duel pareil, qui semblait avoir lieu entre deux maîtres d'escrime consommés.

On ne pouvait déjà plus prévoir de quel côté serait l'avantage.

Les deux fers tournoyaient et s'entrechoquaient avec des éclairs bleuâtres et un cliquetis sourd et menaçant.

Champcarré se tenait ferme à la première place; il ne rompait pas d'une semelle.

Quant au vicomte, il bondissait de droite et de gauche avec une souplesse de tigre, évitant et portant les coups avec toute la précipitation de l'escrime italienne.

Tout à coup son pied manqua; il venait de glisser sur une touffe d'herbes humides.

— Tuez-le! tuez-le donc! fit Rouillard.

Au lieu de suivre l'avis expéditif du vieux soldat, Champcarré abaissa son arme.

— Relevez-vous, dit-il au vicomte. Je vous attends.

Le combat recommença, plus vif, plus pressé: Champcarré, qui avait débuté avec prudence, crut devoir développer alors tout son jeu.

Une série de coups hardis prouvèrent au vicomte, une

fois encore, qu'il avait trop compté sur l'ignorance du provincial.

Il se contenta de se défendre avec furie; mais son poignet n'avait pas la solidité de celui de son adversaire.

Aussi les spectateurs remarquèrent bientôt qu'il faiblissait. Une expansion de joie immense flamboya sur le visage du général.

— Courage! dit-il au jeune homme. Courage! mon ami, tuez cette vipère!

Ces mots étaient à peine prononcés, que par un coup droit, non paré, le fleuret de Champcarré s'enfonçait dans la poitrine de San Colombano et en ressortait tout rouge.

Un cri de triomphe et de soulagement s'échappa de toutes les poitrines.

Le misérable s'affaissa. — Un sourire sardonique erra sur ses lèvres que la lividité de la mort commençait à envahir.

— Je ne mourrai pas seul, dit-il.

Par un effort surhumain, il parvint à se mettre sur son séant; il prit un de ses pistolets et l'arma.

Un bruit se fit dans le fourré.

Un homme pâle, suivi de deux femmes, accourait sur le théâtre du combat.

La détonation retentit.

L'homme qui s'avançait ainsi reçut la balle dans la poitrine et tomba.

— Mon oncle!... — s'écria le jeune homme éperdu.

Il se jeta sur le corps de Leroux.

— Tiens! c'est le maître d'armes, fit San Colombano. Je ne croyais pas que c'était toi, mon vieux maître! Tant pis, voilà une botte que tu n'as pas su parer.

Et le scélérat se mit à rire d'un rire satanique.

Mais l'heure était venue : sa figure se crispa. Il mourut, et, même après la mort, il conservait encore sur son visage hideusement bouleversé le sinistre sourire de la dernière minute.

Leroux reconnut son neveu.

— Tu m'as pardonné, mon fils, lui dit-il; je meurs content. Je t'ai sauvé la vie, que Dieu en soit béni! Prie un peu pour moi; et marie-toi le plus tôt possible avec madame d'Elvino. Elle t'aime comme une femme et comme une mère, et son repentir l'a purifiée!...

Ces paroles avaient été prononcées à voix basse; néanmoins le général qui était penché sur le corps du maître d'armes les entendit.

Il poussa un soupir.

— Allons, dit-il, je n'aurai pas de petits enfants et je ne tiens plus à en avoir... Ils pourraient mourir comme celui-là.

Leroux expira.

Quand Champcarré releva la tête, il vit la Borghetta agenouillée auprès de lui.

L'actrice était pâle comme une morte; des larmes coulaient de ses yeux. — Elle priait.

— As-tu entendu? lui demanda le jeune homme.

— Oui! répondit l'actrice.

— Et tu acceptes?

— Oui! murmura-t-elle à voix basse; car c'est la volonté d'un vieillard, d'un honnête homme et d'un mourant.

Cécile avait entendu vaguement parler dans la soirée d'un petit voyage que son père devait faire le lendemain matin. Le mot de *Carrefour d'Armenonville* ayant été prononcé par Rouillard, un pressentiment sinistre était né dans l'âme de la jeune fille.

Elle s'était empressée de faire part de ses craintes à la Borghetta, qui avait couché chez le général.

Aussi, dès que les deux femmes eurent vu disparaître la voiture qui emportait Champcarré, le général et Rouillard, elles quittèrent leur chambre et prirent une voiture de place.

A l'entrée du bois elles rencontrèrent Leroux qui de son côté arrivait en cabriolet.

Nous savons que les deux femmes et le maître d'armes avaient paru sur le terrain, l'un juste à temps pour recevoir la balle destinée à son neveu, les autres pour voir deux cadavres...

Emportée par son amour, Cécile s'était agenouillée auprès du vicomte; mais à l'aspect de ses traits qui reflétaient alors toute la hideur de son âme, la jeune fille se releva précipitamment et courut se jeter en pleurant dans les bras de son père.

<hr />

Après cette affreuse scène on se sépara.

MM. de Barloy et de Pen-Goët, oubliant en face de la mort les griefs qu'ils avaient contre San Colombano, se chargèrent de faire enterrer le cadavre et d'imaginer une fable au sujet de la mort du vicomte.

Quant à Champcarré, il fit porter le cadavre de Leroux dans sa voiture et se plaça seul auprès de lui.

Le général, Rouillard, Cécile et la Borghetta montèrent dans l'un des fiacres et revinrent lentement à Paris.

N'eût été le triste épisode qui concernait le maître d'armes, le général et son fidèle serviteur auraient été satisfaits.

M. de Vadans appuyait contre son cœur la tête charmante et pâle de Cécile que cette scène avait impressionnée à un tel point qu'elle semblait n'avoir plus conscience de son existence.

Dans la pensée de consoler sa fille chérie, le vieux soldat prit un air dégagé :

— Tout cela est terrible, c'est vrai, mon enfant, dit-il, terrible surtout parce que ce lâche assassin s'est conduit d'une façon qui fait honte à l'espèce humaine; mais de notre temps nous en avons vu bien d'autres, n'est-ce pas, Rouillard?

— Évidemment, mon général, répondit l'ex-caporal, — du temps que nous étions chez les *Arabes* avec Pélissier qui a fait son petit chemin aujourd'hui puisqu'il est *Maréchal* de France et duc de *Malchako!...* Faut pas trop vous désoler, mam'zelle Cécile!

Un soupir fut toute la réponse de la jeune fille.

— Voyez-vous, mam'zelle, continua Rouillard, il est possible que vous *eussiez eu* z'au cœur une petite affaire pour le gueux dont on vient de débarrasser le plancher, mais ça ne tiendra pas; généralement... (je ne parle pas pour vous, mon général) il faut z'estimer l'homme qu'on aime; autrement z'il est impossible qu'on l'aime longtemps. Puis vous êtes encore toute petite : quand vous aurez mangé z'encore quelques croûtes de pain, toutes ces machines-là vous passeront de la tête...

— Tu entends, ma fille, dit le général!... Sans en avoir l'air, Rouillard est la raison habillée en homme. Voyons! réponds-moi?

Cécile releva la tête.

— Je tâcherai d'oublier, dit-elle; mais, mon père, je t'en supplie, ne restons plus une seule journée à Paris.

— Sois tranquille, ma fille; ce soir tous nos préparatifs seront faits, et nous partirons pour la Franche-Comté.

Et se retournant vers la Borghetta :

— Mes propriétés sont contiguës à celles de votre futur

mari, madame'; — nous espérons que vous viendrez souvent consoler ma pauvre Cécile.

— Général, vous avez honoré de votre estime une pauvre femme... Quand elle sera remontée au rang que sa naissance lui assignait, vous verrez qu'elle sera digne de cette estime...

Rouillard s'adressa à la Borghetta :

— Vous n'oublierez pas, madame, lui dit-il; d'amener Toinon. Une fois en Franche-Comté, nous nous épouserons; c'est une machine déjà z'arrangée z'entre nous.

XIX

La conclusion.

Comme à la fin des contes du bon Perrault, qui ont si fort amusé notre enfance et la vôtre aussi, lectrices et lecteurs, il nous reste à vous dire ce que sont devenus nos héros ; s'ils ont eu beaucoup d'enfants ; s'ils sont morts pleins de jours, au milieu des bénédictions de leurs amis et de leurs familles.

Mais l'époque à laquelle se passe cette dernière partie de notre histoire est trop rapprochée de nous pour que nous puissions satisfaire vos légitimes exigences.

Tout ce qui survécut à la tragédie dont notre dernier chapitre a raconté le dénouement, existe encore aujourd'hui.

Nous allons, pour vous en convaincre, feuilleter quelques journaux et reproduire les articles qui se rapportent aux personnages qui viennent de défiler devant nos yeux, dans le courant de ce livre.

On lit dans la *Gazette des Tribunaux* du 15 septembre 185.. sous la rubrique : *Affaire Triel et consorts :*

« La liquidation de la faillite Triel, Lehmann et compagnie vient de se terminer dans les meilleures conditions : — Personne n'a rien perdu. On doit compte de ce résultat vraiment extraordinaire à la perspicace initiative de M. le préfet de police qui a fait nommer d'office un syndic honorable chargé de cette liquidation, avant qu'elle ne fût devenue une banqueroute frauduleuse immense.

« Deux ou trois maisons de Paris avaient des capitaux considérables engagés dans les spéculations fallacieuses que patronnait la compagnie Triel, ou plutôt le sieur Lehmann ; car c'est cet individu qui fournissait seul les fonds et tirait seul les bénéfices de cette prétendue société.

« L'intervention du préfet de police est arrivée à temps. On prétendait que le sieur Lehmann était à la veille de s'enfuir en Amérique avec le produit de ses escroqueries de toute nature.

« On est seulement parvenu, ces jours derniers, à réunir contre lui une somme assez forte de preuves de culpabilité. Mais il a fallu de la circonspection et de la patience. Cet homme était aussi habile que dangereux, et, sans l'aveu d'un de ces agents d'affaires dont nous reparlerons tout à l'heure, il eût été impossible de poursuivre judiciairement ce fripon de la pire espèce.

« Hier donc, la cour d'assises de la Seine, à qui le procureur impérial avait renvoyé l'affaire, fut appelée à délibérer au sujet des peines applicables au sieur Lehmann.

« La défense était confiée à M. X...

« Le jeune et éloquent avocat fit des prodiges. On a rarement trouvé dans un âge aussi peu avancé tant de force de logique unie à la science profonde du droit et à l'élégance exquise de la diction.

« Mais le réquisitoire de M. le procureur impérial était formidable. Les charges qui pesaient sur l'accusé étaient tellement graves, que des murmures d'indignation couraient dans l'auditoire composé généralement de l'élite de la société parisienne.

« Nous avons remarqué dans le banc des avocats la jolie mademoiselle Léontine, du théâtre de l'Opéra.

« Il appert de ce réquisitoire que le sieur Lehmann, soit avec ses prêts usuraires, soit avec son tripot de la rue ***, était parvenu à ruiner une vingtaine de jeunes gens des familles les plus riches de la province, notamment le chevalier de Bru... qui n'a trouvé d'autre refuge que dans le suicide.

« Il paraît que, dans une seule soirée, un chevalier d'industrie, aux gages de ce Lehmann, avait volé à un gentilhomme Franc-Comtois, M. de Ch..., une somme de quatre cent mille francs.

« Par une induction hardie, mais parfaitement juste, M. le procureur impérial a rendu Lehmann moralement responsable des résultats regrettables de ces manœuvres.

« Après une longue délibération, le jury a condamné le sieur Lehmann à dix ans de réclusion, peine qui emporte naturellement la dégradation civique et l'interdiction légale. (Code pénal, art. 21, 22, etc.)

« En outre, le sieur Lehmann a été condamné civilement à une amende qui, avec les frais de syndicat, les dépens de la procédure et les justes répétitions du fisc, s'élèvera, dit-on, à plus d'un million et demi. »

Même journal et même date.

« Le nommé Triel (Georges), natif des Fermes, près de Blois, ancien homme d'affaires et *joueur habituel* du sieur Lehmann, qui avait été condamné, deux jours auparavant, ainsi que Rossinot et deux de ses complices, aux travaux forcés à perpétuité pour tentative d'assassinat commise sur la personne du sergent de ville Verly, vient d'être trouvé mort dans son cachot.

— Ce malheureux, qui paraissait avoir depuis longtemps le cerveau attaqué, répétait continuellement qu'on lui avait promis de l'acide prussique et que le préfet de police ne tenait pas sa promesse.

« Comme conséquence de cette monomanie, il cherchait tous les moyens de se détruire.

« Ce matin, au moment où le geôlier sortait de son cachot; il est parvenu à se hisser, malgré ses fers, sur l'appui de la fenêtre, et il s'est précipité sur les dalles la tête la première.

« La mort a dû être instantanée. »

Même journal, N° du 18 septembre.

« Le mystère qui enveloppe la mort du maître d'armes Leroux et du vicomte Raphaël de San Colombano n'est pas encore expliqué. — Si la préfecture de police a le mot de l'énigme, il est bien gardé, car il n'a pas encore transpiré en public.

« Un de nos amis, qui est toujours très-bien renseigné, nous affirme que Leroux a été tué par un maladroit, au duel où il assistait, et que ce maladroit aurait été tué à son tour d'un coup d'épée par son adversaire. On sait alors quel est ce maladroit.

« Il tient ce fait d'un cocher de place qui aurait conduit les adversaires au bois de Boulogne. »

Moniteur Universel, 22 *septembre*.

« Le général baron de Vadans a donné sa démission de membre du Sénat.

« Son grand âge est le seul motif de cette démission.

« M. de Vadans emporte en Franche-Comté les regrets de tous ceux qui l'ont connu et qui savent quel cœur noble et grand battait sous cette rude enveloppe de soldat.

« C'est encore un débris vivant de la grande épopée du premier empire. — Simple grenadier à l'âge de dix-sept ans, il s'est élevé par sa bravoure jusqu'aux plus hauts grades de l'armée.

« On se rappelle son énergique conduite dans toutes les batailles d'Afrique. C'est lui qui a participé le plus activement à l'organisation des zouaves et des turcos.

« Pour donner à M. de Vadans un témoignage d'affection et d'estime, S. M. l'Empereur a daigné lui adresser une lettre autographe qui exprime tout le regret qu'elle éprouve de perdre le concours d'un serviteur aussi loyal et aussi zélé.

Union Franc-Comtoise, 1er *janvier* 185...

(Besançon.)

« Hier a été célébré, dans la cathédrale de notre ville, le mariage de M. le comte Mathieu de Champcarré avec mademoiselle Julia, baronne d'Elvino, fille d'un ancien colonel du prince Joachim Murat.

« A cette cérémonie assistaient le père, la mère, le grand-père et le parrain de l'époux, le général de Vadans et sa fille, mademoiselle Cécile de Vadans, le préfet du Doubs et son fils, le maire de Besançon et une société nombreuse et choisie, —

Munis de ces divers renseignements, transportons-nous à un an à peu près en deçà des événements que nous venons de raconter, et entrons dans une fort belle maison de campagne située entre Champcarré et Freysolles, et qui semble avoir été construite depuis peu de temps.

Un immense jardin anglais ceint de murs également neufs, développe ses gazons frais et ses panaches de verdure autour de cette villa.

Du fond de ce paradis terrestre s'échappent par bouffées des éclats de rire et des éclats de voix que personne ne prend la peine d'étouffer.

Si nous nous approchons, nous verrons entre quatre noyers une grande table rustique autour de laquelle sont réunies une dixaine de personnes qui semblent aussi parfaitement heureuses qu'on peut l'être en ce bas monde.

Nous remarquerons d'abord Champcarré et sa femme, à côté du père Mathieu presque nonagénaire et du Barraquer qui approche de la soixantaine.

Nous les nommons les premiers, parce que ce sont les hôtes du propriétaire de la villa, qui n'est autre chose que M. de Vadans.

Le général paraît fort gai.

La raison de cette gaîté pourrait bien venir de la présence à sa table d'un beau jeune homme, fils du préfet du Doubs, qui est parvenu à force de soins et d'amour à chasser de l'esprit de Cécile le souvenir de San Colombano et qui doit bientôt la conduire à l'autel.

Mais en ce moment tout conspire à rendre le vieux soldat aussi joyeux que dans les beaux jours du temps passé, car le digne Rouillard, que le mariage n'a point corrigé de ses penchants à la bouffonnerie historique, est en verve et raconte aux convives une de ses plus facétieuses expéditions d'Afrique.

« — Nous étions en Alger, dit-il, c'était z-à l'époque z'où nous n'avions point z'encore *conquerri* toute la province. Le duc de Rovigo était gouverneur d'Afrique.

« A une lieue de la ville, il y avait z'un Espagnol qui avait comme qui dirait z'un château fort, ousqu'il demeurait z'avec tout le personnel d'une maison bien meublée.

« C'était une vieille *drogue* pas commode du tout, qui ne recevait personne et qui venait z'à Alger de temps en temps, histoire de faire voir z'aux gens une jolie fille qu'il avait... mais une jolie fille tout à fait, presque aussi belle que mam'zelle Cécile, sauf votre respect, mais qui était plus grosse... charmante enfin avec des yeux noirs comme un *geai*, des cheveux longs comme une perche de tente; puis une mine rose comme un Guillery-bouton (1).

« Si bien qu'il faut vous dire qu'elle tapait dans l'œil de tout le monde; je ne parle pas de moi, mais des officiciers... Puis, à côté de son père, elle paraissait encore un milliard de fois plus belle; car l'Espagnol jouissait d'une vraie figure de pomme de terre, avec un nez pointu comme un sabre et des oreilles qui ressemblaient à des champignons.

« Pouah! Bref, là-dessus, il était dégoûtant.

« Voilà qu'un jour le capitaine Laxou, qui était z'un beau garçon tout à fait aussi, me dit :

« — Tu ne sais pas, Rouillard ?

« — Ma fi, non, mon capitaine.

« — Eh bien ! j'ai toujours eu z'une grande confiance z'en toi, dont auxquelles tu t'es toujours montré digne... »

Le général interrompit la narration de Rouillard.

— Je t'ai dit cent fois que *dont auquel* n'est pas français.

— Oui, mon général. Mais on était moitié z'arabe dans ce pays-là; on ne faisait pas attention à ça, je continue. — Donc il me dit :

« — J'ai toujours de la confiance en toi, Rouillard.

« — Ça vous honore, mon capitaine, que je lui dis : mais *entoxiquez-moi* l'affaire qui vous *conserve*, et nous verrons.

« Le capitaine Laxou me raconte qu'il est z'amoureux toqué de la petite Espagnole, mais que son idiot de père la gardait trop bien; et qu'il n'y avait pas mèche de s'y frotter.

« — Vois-tu, qu'il me dit, je suis été souvent flâner autour de sa maison et je crois que la particulière z'est un peu pincée de moi. C'est z'un bon parti, on dit que ce grigou

(1) Fruit de l'églantier (en patois de Franche-Comté.)

est riche comme un juif; ça m'accommoderait tout de même pour le bon motif.

« — Pourquoi t'est-ce que, que je lui dis, vous ne faites pas votre demande ?

« — Mais, imbécile, qui me dit, il ne voudrait pas me laisser entrer. Il faut z'imaginer z'un *stratamèche*... »

— Stratagème, Rouillard.

— Oui, mon général.

« — Je lui dis donc qu'il en cherche un. Il me dit qu'il était tout trouvé.

« Il s'agissème tout bêtement d'enlever l'Espagnole. »

— Rouillard, Rouillard, tu vas dire des horreurs...

— Oui, mon général, c'est-à-dire non ! j'ai les oreilles chastes. Je dis au capitaine :

« — J'en suis.

« — C'est bien, qu'il me dit : à ce soir.

« Le soir nous partâmes... »

— Avec un i, Rouillard !...

— Non, mon général... avec deux chevaux que le capitaine avait z'emprêtés à un officier de chasseurs d'Afrique. Bref ! nous nous en allons, rien que les deux chevaux et nous.

« Nous arrivons à la nuit tombante et nous nous embusquons derrière un gros mur.

« — Nous n'avons point d'échelle, que je dis au capitaine.

« — Il n'y en a pas de besoin, qu'il me dit. Il y a t'un trou dans le mur là-bas; c'est caché par des palissades ; mais nous les détruirons; j'ai z'apporté des serpes exprès.

« — C'est bien ! que je dis.

« Ce mur environnait une cour.

« A la nuit tombante, nous apercevâmes... »

— ... ûmes, fit le général.

— Vous toussez un peu, mon général. Faut pas vous laisser tomber malade. Je continue :

« Le vieux Espagnol se promenait dans la cour avec une lanterne z'à la main.

« — Bon, que je dis, il fait z'une ronde de sûreté; pourvu qu'il n'entende pas les chevaux.

« Mais les bonnes bêtes paissaient tranquillement; c'est-à-dire qu'elles ne paissaient pas du tout, attendu qu'il n'y avait rien du tout; mais elles faisaient semblant z'et elles ne disaient rien.

« — Bouge pas non plus, me dit le capitaine. Voici mon plan. Je vais batifoler avec le vieux ; pendant ce temps-là, tu entreras dans la maison et tu attraperas la particulière.

« Le voilà qui passe le premier. Naturellement je passe après lui.

« Il s'avance le képi à la main vers l'Espagnol. Celui-ci se retourne tout effaré. Il n'avait probablement point z'été z'habitué z'à recevoir des visites à des heures aussi *induites*.

« Moi, je ne fais pas attention z'à cela.

« Je marche vivement vers la maison. Je trouve une porte; j'ouvre.

« Au bout d'un *colidor* assez long, qu'est-ce que je vois? ma particulière qui avait z'une robe blanche ou une machine équivalente, à ce qu'il me parut.

« Le capitaine m'avait donné z'un grand rideau jaune en serge, que je crois. Je déplie mon rideau, je cours sur la particulière, je lui jette le rideau sur la tête, je l'enveloppe bien dedans, je la charge sur mon dos comme un sac d'avoine et vogue la galère, je file.

« Il parait que le capitaine n'avait pas été bien traité, car je l'entendis qui disait des sottises au vieux.

« Quand je suis dehors, je siffle. Voici Laxou qui arrive.

« — Tu la tiens ? qu'il me dit.

« — Oui, que je lui réponds ; mais, tonnerre !... elle pèse bigrement.

« — Veux-tu ne pas jurer ainsi devant le beau sexe, qu'il me dit. Allons, montons à cheval.

« Il vient vers moi, défait le rideau, et baise galamment la main de l'Espagnole.

« — Comme c'est potelé ! qu'il dit.

« Il parait que l'Espagnole était, comme on dit, z'évanouie ; car elle poussait des gros soupirs, sans rien dire du tout. Elle faisait : hon ! hon !...

« Nous la mettons tout de même à cheval, et roule ta bosse, nous voilà partis au galop; Laxou tenant la tête de l'Espagnole renversée sur lui et la pressant dans ses bras.

« Nous arrivons.

« En entrant dans les rues, voilà qu'une lumière de réverbère, ou plutôt d'un vieux quinquet tombe sur la *boule* de la soi-disant Espagnole.

« Horreur !... elle était toute noire !...

« — Fichu imbécile ! hurle le capitaine. Tu as fait un beau coup !...

« Finalement, je m'étais trompé. Au lieu d'enlever la fille de l'Espagnol, j'avais t'enlevé z-un gros nègre qui était subjectivement son cuisinier. Le vêtement blanc m'avait z'enduit z'en erreur. »

Inutile de dire que cette histoire fut accueillie avec force éclats de rire.

On porta un toast aux amours du capitaine Laxou et après le repas chacun se sépara.

— C'est le repas des fiançailles, dit le général ; dans huit jours les noces.

— Nous y serons, dit Champcarré.

Et serrant mystérieusement la main du général, il lui fit cette citation latine que son gendre lui traduisit :

O passi graviora dabit Deus his quoque finem.

FIN.

Sceaux imprimerie de E. Dépée.